Contraste insuffisant
NF Z 43-120-14

Illisibilité partielle

Valable pour tout ou partie
du document reproduit

Original en couleur
NF Z 43-120-8

UN CONSEILLER DU ROI FRANÇOIS Ier

JEAN DE SELVE

PREMIER PRÉSIDENT DU PARLEMENT DE PARIS

NÉGOCIATEUR DU TRAITÉ DE MADRID

PAR

G^{te} CLÉMENT-SIMON

Extrait de la *Revue des questions historiques*

PARIS
AUX BUREAUX DE LA REVUE
5, RUE SAINT-SIMON, 5

Couverture inférieure manquante

A monsieur Léopold Delisle
membre de l'Institut

Respectueux hommage
C. Aly

JEAN DE SELVE

DU MÊME AUTEUR

Extraits de la *Revue des questions historiques*

Un capitaine de routiers sous Charles VII. — Jean de la Roche. 1895.

La maréchale de Saint-André et ses filles. 1896.

La vie seigneuriale sous Louis XIII. — Le vicomte de Pompadour, lieutenant général du roi en Limousin, et Marie Fabry, vicomtesse de Pompadour. 1897.

UN CONSEILLER DU ROI FRANÇOIS Ier

JEAN DE SELVE

PREMIER PRÉSIDENT DU PARLEMENT DE PARIS

NÉGOCIATEUR DU TRAITÉ DE MADRID

PAR

G^{ve} CLÉMENT-SIMON

Extrait de la *Revue des questions historiques*

PARIS

AUX BUREAUX DE LA REVUE

5, RUE SAINT-SIMON, 5

UN CONSEILLER DU ROI FRANÇOIS IER

JEAN DE SELVE

PREMIER PRÉSIDENT DU PARLEMENT DE PARIS
NÉGOCIATEUR DU TRAITÉ DE MADRID

François Ier eut pour principal ministre et conseiller Antoine du Prat, qu'il avait, à son avènement, nommé chancelier de France et qui mourut dans cette charge. L'opinion de son temps ne fut pas favorable à cet homme d'État dont personne ne conteste la haute capacité ; le jugement de la postérité a été encore plus sévère.... peut-être trop, s'il y a lieu de compenser les qualités avec les vices.

A côté de du Prat, un autre homme eut sur les affaires publiques et sur l'esprit du roi une grande influence qui, sans se montrer rivale de celle du ministre, paraît s'être exercée dans un sens plus modéré, plus strictement équitable et surtout plus désintéressé. Jean de Selve eut de son vivant une notoriété qui s'est un peu effacée, mais autant le chancelier fut peu populaire, autant le premier président de Paris fut entouré de l'estime et des sympathies générales. Sa réputation nous est parvenue sans qu'aucune critique se mêle aux éloges. Le sentiment exprimé par tous ses contemporains peut être résumé dans cette phrase de M. Paulin Paris : « C'est l'homme de son temps qui a laissé le plus pur souvenir d'indépendance et de probité [1]. »

Louis XII avait discerné son mérite, l'avait appelé, très jeune,

---

[1] Paulin Paris, *Études sur François Ier* (1865), t. I, p. 234. V. du Bellay, Beaucaire, Arnoul de Ferron, Jean Pyrrus, Michel de l'Hospital, etc., et tous les modernes.

à la présidence de l'Échiquier de Rouen. Il lui donna des marques particulières de sa confiance en l'associant au cardinal d'Amboise dans la gestion de ses intérêts privés et en le déléguant comme ambassadeur en Angleterre pour négocier son mariage avec la sœur de Henri VIII et conclure un traité d'alliance avec ce prince.

François Ier, monté sur le trône, le confirma dans sa mission en Angleterre et le nomma premier président de Bordeaux. Quand il partit pour la conquête du Milanais, il l'invita à venir promptement le rejoindre en Italie, afin d'organiser « à la française » l'administration civile du duché, et comme il emmenait du Prat avec lui, il le chargea, en attendant, de remplacer le chancelier auprès de la régente [1]. Il avait jeté ses vues sur lui pour l'introduire dans ses conseils politiques. Bientôt après, en effet, il l'éleva à la première présidence du parlement de Paris. Il l'honorait, le révérait au point de lui donner en public des marques de déférence et de respect. Le chancelier de l'Hôpital rapporte que lorsque le président de Selve se présentait au Louvre, le roi-chevalier faisait mine de se lever de son siège pour aller le recevoir et le saluer le premier [2].

Comme magistrat, membre du conseil privé, ambassadeur, Jean de Selve a marqué son rôle dans toutes les résolutions importantes du règne. Il fut le second de du Prat aux conférences de Calais, où se posait pour la première fois la question de la « balance de l'Europe », et surgissait ce grand conflit qui devait durer des siècles et coûter des millions de vies, rendu inévitable par la réunion sur une même tête des héritages d'Autriche, d'Espagne et de Bourgogne. Dans ces conférences frap-

---

[1] *Chronique du bourgeois de Paris*, p. 16.
[2] *Mich. Hospitalis Epistolae* (1585), l. III, ep. I. — Jean de Selve fut le dixième des treize enfants de Fabien de Selve, notaire royal à la Roche, en Bas-Limousin (la Roche-Canillac, arrondissement de Tulle). Il naquit à la Roche, le 17 avril 1475, ainsi qu'il résulte du livre de raison de son père que j'ai sous les yeux.

D'abord avocat et professeur de droit à Toulouse, il fut, sur la présentation de la cour de parlement, nommé conseiller le 12 novembre 1500. Quatre ans après, encore sur la demande de ses collègues, il était promu président de l'Échiquier. Il a laissé à Rouen d'impérissables souvenirs de ses talents et de son courage civique (V. Floquet, *Hist. du parlement de Normandie*). Premier président du Parlement de Bordeaux en 1515, vice-chancelier du Milanais, il fut élevé, en 1519, à la première présidence du parlement de Paris. Il mourut en 1529, âgé de cinquante-quatre ans.

pées à l'avance de stérilité, du Prat et lui témoignèrent d'autant de sagesse, de dignité, de loyauté que Wolsey et Gattinara montrèrent d'arrogance, de grossièreté et de perfidie. Le premier président de Paris connut de la recherche contre Semblançay, de la poursuite du connétable, de la cause des hérétiques, qui trouvèrent en lui un juge sans fanatisme. Il négocia le traité de Madrid et la paix de Cambrai. La succession de du Prat lui était réservée, mais il mourut prématurément, dans la force de l'âge.

Un roi répond devant l'avenir des actes de son gouvernement. Il ne fut pas seul, néanmoins, pour les concevoir, les décider, les exécuter. Rien de moins spontané, de moins personnel, à l'ordinaire, qu'une action royale destinée à prendre place dans l'histoire. Discutée dans le conseil, amendée dans la chancellerie, le monarque, même de pouvoir absolu, n'en a jamais l'entière responsabilité. Il serait juste que la part de chacun fût faite. Jean de Selve a la sienne dans des affaires diversement appréciées, et si sa conduite fut toujours, au jugement unanime, un modèle d'intégrité et de noblesse d'âme, le maître devrait bénéficier de la bonne renommée du serviteur.

I.

Jean de Selve fut un des juges qui condamnèrent le surintendant Semblançay. Sous les règnes précédents, de nombreux comptables avaient été frappés de la dernière peine pour péculat, sans que l'émotion publique en eût été surexcitée. Il en fut de même pour Semblançay au temps de l'action. Ce n'est que plus tard que la légende se forma.

Ce vieillard, qui avait servi le roi avec autant d'intégrité que de dévouement, était mort victime d'une odieuse machination concertée entre une princesse haineuse et cupide et un ministre aussi puissant que pervers. Le roi s'y était associé par faiblesse envers sa mère et par esprit de lucre.

. L'historien Guichardin et le mémorialiste du Bellay sont les premiers qui aient révélé cette trame. Guichardin, dans son « Histoire des guerres d'Italie », mise au jour en 1561, rapporte que durant l'automne de 1521, le maréchal de Lautrec, général en chef de l'armée d'Italie, attendit vainement les 300,000 ducats (ou écus) que le roi lui avait formellement promis pour la solde des Suisses. La somme était prête à partir, « mais la mère du roi craignait si fort l'élévation de ce général qu'oubliant les intérêts de son fils, elle engagea secrètement les généraux des finances à faire un autre emploi de cet argent. » L'intrigue eut son effet, les Suisses non soldés se débandèrent (oct.-nov. 1521) et les opérations de Lautrec en souffrirent [1]. L'année suivante, 1522, avant Pâques, d'autres Suisses arrivèrent à l'armée. Ils furent bien payés les premiers mois et Lautrec remporta quelques succès, mais la solde du mois d'avril fut arrêtée par les Impériaux à Arona [2], près du lac Majeur. Les Suisses se mutinèrent, demandèrent « argent, congé ou bataille » et déterminèrent ainsi le général à livrer dans les plus mauvaises conditions le combat de la Bicoque (19 avril), à la suite duquel le Milanais fut abandonné. « Quelques jours après, Lautrec reprit le chemin de la France, portant auprès de son maître non des victoires et des lauriers, mais des plaintes contre les ministres, pour se disculper lui-même de la perte du Milanais dont ses fautes, leur négligence, les mauvais conseils qu'ils donnaient au roi et, pour tout dire enfin, la malignité de la fortune étaient la cause [3]. » Tel est l'exact résumé du récit de Guichardin. Il n'y a sur ces événements et leur suite rien autre chose dans son ouvrage.

Voici maintenant l'amplification ou plutôt la transformation de ce texte, le premier en date sur la matière.

Lautrec, ayant perdu « le plus beau duché de la chrétienté, » revint en France en mai 1522. Le roi lui fit « mauvais recueil ». Le général essaya de se justifier et ne craignit pas de dire à Sa Majesté que c'était Elle-même qui avait perdu le Milanais en n'envoyant pas les 400,000 écus qui avaient été promis. Le roi surpris manda le surintendant. Celui-ci reconnut n'avoir pas obéi au commandement du roi parce que Madame la régente avait retenu pour elle les 400,000 écus prêts à être portés en Italie. Le roi, en grande irritation, alla sur-le-champ trouver sa mère,

---

[1] *Histoire des guerres d'Italie*, t. II, p. 569, éd. de Londres, 1738. La première édition est de 1561.

[2] Galeazzo Capella qui écrivait en 1531, bien avant Guichardin, et a donné un récit beaucoup plus détaillé de ces expéditions du Milanais (*De bello Mediolanensi ab an. 1521 ad an. 1530*; Nuremberg, 1532), confirme ce fait (éd. italienne de 1539, fol. 17), mais ne mêle en rien à ces événements le nom de Louise de Savoie.

[3] Guichardin, *ubi supra*, t. II, p. 596.

lui adressa de vifs reproches, mais « elle s'excusa dudit fait ». Semblançay, mis en sa présence, maintint son dire. Madame répliqua alors qu'elle n'avait retiré que l'argent de son épargne et non celui de l'armée. Sur ce différend, des commissaires furent nommés pour vérifier les comptes. Mais le chancelier du Prat, jaloux de Semblançay, voyant que Madame serait « redevable au surintendant et non lui à elle », avant que les comptes eussent été examinés, « mit le roy en jeu contre led. sr. de Semblançay et lui bailla juges et commissaires pour lui faire son procès [1]. » Telle est la version de Martin du Bellay, qui ne fut connue qu'en 1569.

Sur ce canevas on a brodé bien d'autres détails. La scène entre le roi, Lautrec, Semblançay, Louise de Savoie fut si violente que Sa Majesté fit arrêter sur-le-champ, dans son antichambre, le surintendant. Il resta cinq ans en prison avant d'être conduit au dernier supplice. — Sa justification était facile par les reçus qu'il avait retirés de la régente, mais celle-ci les lui fit voler en subornant la maîtresse d'un de ses commis; enfin du Prat lui nomma des juges auxquels il dicta la condamnation, etc., etc. [2].

Il est inutile de faire ressortir les contradictions qui existent

---

[1] *Mémoires de du Bellay*. Collection Michaud, t. V, p. 163. La première édition est de 1569. Il ne faut pas oublier que cette partie des *Mémoires* n'est pas de Guillaume du Bellay, le grand du Bellay, compagnon de captivité de François I*er*, mais de Martin, son frère, le roi d'Yvetot, qui ne fut qu'un batailleur, sans grande portée.

[2] Beaucaire de Péguillon, *Rerum Gallicarum Commentarii* (1625); Varillas, *Histoire de François I*er** (1685); Bayle, *Dictionnaire critique;* Rœderer, *Louis XII et François I*er** (1825); Michelet, Henri Martin, etc. — Beaucaire reproduit du Bellay; Varillas y ajoute en citant des manuscrits que personne n'a jamais vus; le pyrrhonien Bayle, cette fois grossièrement crédule, adopte, mot pour mot, le récit du plus diffamé des historiographes et l'introduit dans l'opinion courante. L'ouvrage de Rœderer n'est qu'un pamphlet chargé de faussetés et de bévues. — Il faut observer que ces violentes accusations contre François I*er* et sa mère (affaire Semblançay, procès du connétable, etc.) ne prirent du corps que lorsque la branche de Bourbon eut remplacé la branche de Valois sur le trône. Il ne déplaisait pas aux Bourbons de voir flétrir François I*er* et sa race. La tache encore fraîche imprimée à leur nom par le connétable en était atténuée. L'évêque Beaucaire, Antoine de Laval, de la clientèle de Charles de Bourbon, furent les protagonistes de ce mouvement. L'œuvre de Laval (*Desseins de professions nobles* (1605), contenant l'apologie du connétable, est dédiée à Henri IV; les commentaires de Beaucaire, où François I*er* est traîné dans la boue, sont dédiés à Louis XIII. Les protestants, en haine de leur premier adversaire, ont secondé cette impulsion.

dans les récits de Guichardin et de du Bellay et de montrer l'absurdité des additions fantaisistes de chroniqueurs plus modernes ne méritant aucun crédit. Les pièces officielles, récemment mises en lumière, sont là pour justifier qu'en dehors de la perte du Milanais par la faiblesse et l'impéritie de Lautrec, il n'y a pour ainsi dire pas un mot de vrai dans cette imputation d'abord assez vague, convertie peu à peu en une monstrueuse accusation. Grâce aux travaux de MM. Pierre Clément, de Boislisle, Paulin Paris, et en dernier lieu de M. Alfred Spont, on peut mettre cette cause en son vrai jour. A l'aide d'actes authentiques, de preuves littérales plus sûres que les vues personnelles rarement impartiales et désintéressées des mémorialistes, il est aisé d'établir l'exactitude des propositions suivantes :

Louise de Savoie n'avait aucune raison de haïr Lautrec, qui n'encourut jamais sa disgrâce. Loin de détourner la solde des troupes d'Italie, elle avait secouru de son épargne le trésor de l'armée, s'était donné beaucoup de peine pour l'alimenter.

Après l'abandon du Milanais (avril 1522), ni Lautrec ni Semblançay ne perdirent la faveur du roi et de sa mère. Le surintendant n'a été arrêté qu'en 1527, cinq ans après. Il a été compris dans une mesure générale de répression et plusieurs autres financiers ont subi comme lui la dernière peine.

Semblançay n'était pas innocent. Ses prévarications furent prouvées. Il en fit du reste l'aveu, ainsi que son fils.

Pourquoi Louise de Savoie haïssait-elle Odet de Foix, maréchal de Lautrec? Ses accusateurs varient sur ce point. D'après Beaucaire, elle était éprise d'Odet de Foix, qu'elle avait fait nommer maréchal de France; mais Lautrec se vantait d'avoir repoussé ses faveurs et décriait en public les mœurs dissolues de cette femme de quarante-six ans [1]. D'autres prétendent qu'elle était jalouse de l'influence de la comtesse de Chateaubriant (sœur de Lautrec), maîtresse de François 1er, et qu'elle voulait perdre le frère pour se venger de la sœur [2].

Tout cela ne tient pas au simple examen. Lautrec, après son

---

[1] Beaucaire, p. 495, 509; Ant. de Laval, dans *Panthéon littéraire*, p. 172. — Louise de Savoie était née en 1476.
[2] Michelet (*Renaissance*, p. 154), sans indiquer sa source. — V. le *Journal de Barillon*, t. I, p. 4.

retour d'Italie, est membre du conseil privé et lieutenant général de Guyenne. Lorsque le roi est fait prisonnier, la régente appelle aussitôt Lautrec à Lyon pour la seconder dans le maniement des affaires. C'est lui qui est chargé de conduire les enfants de France en Espagne. Plus tard il est de nouveau général en chef en Italie et toujours général malheureux.

Mais quelle haine pouvait, dans le cœur de Louise de Savoie, entrer en balance avec son idolâtrie pour son fils? Porter préjudice à « son glorieux et triomphant César, » ruiner sa puissance en Italie! Sa vie entière proteste!.... Voilà comment elle agissait dans ces conjonctures.

Avant l'automne de 1521, Semblançay avait fait de fortes avances pour l'armée d'Italie. Au cours de cette campagne de fin d'année, il expédia encore à Lautrec 364,000 livres (182,000 écus [1]). Le 31 octobre, Lautrec réclame 240,000 livres pour novembre. Le surintendant se déclare incapable de les fournir. Le roi s'inquiète de cet embarras, dépêche Guillaume de Beaune, général des finances, vers son père, ainsi qu'il l'écrit à Lautrec (6 novembre) [2]. Semblançay consent à envoyer d'abord 60,000 livres. Il en avise le roi. « En cela n'y aura point de faulte [3]. » Mais Lautrec ne reçoit rien et est obligé d'emprunter 40,000 livres au duc de Savoie [4].

Cependant, quelle est l'attitude de la mère du roi? Ses lettres, ses démarches la font connaître clairement. Elle n'a qu'un souci, réaliser les ressources nécessaires à l'armée d'Italie, et elle veut y contribuer de son épargne. Elle stimule incessamment le zèle du surintendant. Du mois d'avril à la fin d'octobre, elle le harcèle de lettres où il n'est question que des préoccupations du roi, des siennes propres pour la solde de l'armée. Elle lui écrit le 20 septembre : «.... Par le double de la lettre que le roy m'a escritte, vous verrez la peine en quoy il est ; qui vous doibt plus solliciter et donner cœur de faire ce qu'il demande. —

---

[1] *Semblançay, La bourgeoisie française au début du XVIe siècle*, par Alfred Spont .(Paris, 1895), p. 177; Biblioth. nationale, Mss. fr. 2693, fol. 115. Du même : Documents sur Semblançay, dans la *Bibliothèque de l'École des chartes* (1895); acte d'accusation de Semblançay, art. II. — Études d'un réel mérite.
[2] Dépouillement minutieux des actes des procédures civile et criminelle. Spont, *Semblançay, ibidem;* Biblioth. nationale, Fr. 2693, fol. 40, 41.
[3] Lettre de Semblançay, Spont, *ibidem*, p. 178.
[4] Biblioth. nationale, Fr. 2693, fol. 95; Spont, *ibidem*.

Voyant ce que led. seigneur souffre je ne pourrois estre, sinon en grande peine, jusqu'à ce que je le voye satisfait. » Le 1ᵉʳ octobre : « .... Si ne fault il que le cœur vous faille à si grand besoin.... Pour ce, je vous prie que vous pensiez dès cette heure pour le mois qui vient et m'escripviez ce qu'il faudra que je fasse de ma part pour vous secourir, à quoy vous ne trouverez jamais faulte. » — Elle lui envoie le 12 octobre une autre lettre du roi, « par quoy vous verrez la peyne en quoy il est de secourir d'argent M. de Lautrec. » Il faut « le jetter hors de cette peyne. » C'est Semblançay lui-même qui a produit ces lettres et beaucoup d'autres de la même portée, dans son procès [1]. C'est à ce moment même, d'après Guichardin et du Bellay, qu'elle s'appropriait les 300,000 écus (ou 400,000) attendus par Lautrec. Elle flatte Semblançay, lui donne des marques de son estime et de sa confiance, elle reconnaît « qu'il y a mis le tout pour le tout et dix fois plus qu'il n'a vaillant. » Et comme il demande que ses pouvoirs soient étendus et ses garanties mieux assurées, elle envoie à la signature du roi des lettres patentes dans ce sens [2].

Mais elle s'étonne que malgré ces efforts le service de trésorerie de l'armée soit toujours en souffrance. Elle conçoit de vagues soupçons contre les comptables, particulièrement ceux qui sont delà les monts. Le chancelier se montre aussi très préoccupé, l'un et l'autre s'évertuent à trouver de l'argent pour aider au surintendant [3].

Celui-ci se plaignait sans cesse. Les ressources des banquiers étaient épuisées, il était obligé d'emprunter à des particuliers, et ces opérations comportaient des garanties spéciales [4]. Il les réclamait et insistait en même temps pour que ses comptes d'avances fussent reconnus. Le roi se prêtait à ces exigences, voulant de l'argent à tout prix.

Il ne faut pas oublier (ce que plusieurs paraissent avoir fait)

---

[1] Lettres de Louise de Savoie à Semblançay, au nombre de douze, d'avril à fin octobre 1521, publiées par Pierre Clément : *Trois drames historiques, Enguerrand de Marigny, Semblançay....* (Paris, 1857).

[2] Clément, p. 385. — Lettres signées à Monchy-le-Preux, 4 nov. 1521.

[3] *Semblançay et la surintendance des finances*, par M. de Boislisle, dans l'*Annuaire de la Société de l'histoire de France* (1882), p. 235.

[4] Les particuliers ne peuvent prêter à intérêts. Ils en perçoivent cependant, et Semblançay entend faire figurer ces créances productives d'intérêts sans nommer les prêteurs. — Il arriva à François Iᵉʳ de payer jusqu'à 3 % d'intérêts par mois.

que Semblançay fut beaucoup plus un banquier qu'un ministre ou surintendant. Il fournissait aux dépenses publiques à l'aide du trésor royal quand il était garni, mais le plus souvent au moyen d'avances faites de ses propres deniers, de ceux des généraux ses collègues, d'emprunts à des banquiers, à des particuliers. Ces avances comportaient l'intérêt, le change, l'agio de banque. Cette gestion, au cours de laquelle il était souvent créancier de l'État, c'est-à-dire du roi, pour de grosses sommes, est bien différente de celle d'un simple administrateur de deniers publics. On comprend que la vérification en était très difficile, le négoce et le péculat pouvant s'y mêler sans qu'il fût aisé de les distinguer. En même temps qu'il gérait les finances du roi, qu'il était son fournisseur pour certaines marchandises, Semblançay était le trésorier et l'agent d'affaires de Louise de Savoie.

Les comptes sont soumis au trésorier des guerres Meigret (2 décembre 1521-24 janvier 1522). Semblançay, qui a demandé cette audition, se porte net créancier du roi : 1° pour prêts antérieurs à septembre 1521 : 587,000 livres; 2° avances de septembre à novembre 1522 : 280,000 livres; 3° autre avance de 107,000 livres prises de l'épargne de Madame. Au total 974,000 livres, chiffre rond.

Un article du compte appelle l'attention. Semblançay était dépositaire d'une somme de 300,000 écus versée par Charles d'Autriche en vertu du traité de Noyon. Le roi et sa mère, au compte de laquelle, par commun accord, cette somme, dite pension de Naples, devait être portée, avaient entendu qu'elle restât intacte, suprême ressource pour une nécessité absolue. Semblançay avait dépensé la somme comme une recette ordinaire. Il fut décidé, contre lui, qu'il continuerait d'être tenu de ce chef comme dépositaire et que sa créance serait augmentée de 300,000 écus. Elle fut donc liquidée à 1,574,342 livres 10 sols (15-28 février 1522)[1]. — Difficulté au sujet de 300,000 écus que Madame entend retenir à son compte! N'est-ce pas là l'origine de l'imputation de Guichardin ?....

Arrivons à la campagne de 1522. Le Milanais est perdu, et

[1] Spont, *Semblançay*, p. 182. Biblioth. nationale, Fr. 2978, fol. 25.

d'après du Bellay, Beaucaire, Varillas, l'abominable action de Louise de Savoie se rapporte à cette période. La calomnie est tout aussi flagrante.

La guerre générale est déclarée. Semblançay continue de prêter de l'argent à gros intérêts. D'autres Suisses ont été enrôlés par le bâtard de Savoie. Leur solde est d'abord régulièrement servie. Le premier mois est payé le 12 février, le deuxième mois le 12 mars. Cette équipée en si mauvaise saison ne plaisait guère à ces mercenaires. Ils montrent l'intention de rentrer chez eux. La diète de Lucerne le leur défend (9 avril) [1]. Le troisième mois est en souffrance à Arona. Les Suisses s'impatientent. Semblançay est à Lyon avec le roi. Il est choyé, reçoit de grosses faveurs. Il vient d'installer son fils comme archevêque de Tours. Les généraux réunis à Lyon consentent de nouvelles avances. Mais les Suisses ont brusqué la bataille. Une partie se débande. Le 8 mai, ils touchent encore 80,000 livres. Lautrec quitte la partie; il revient précipitamment en France sous un déguisement et se justifie comme il peut de ses fautes inexcusables [2].

Après ces renseignements si précis, relevés sur les pièces originales, M. Spont écrit: « Rien ne prouve que Lautrec ait accusé Semblançay d'avoir retenu l'argent destiné à l'Italie. En tout cas, il ne saurait être question de 300,000 ou 400,000 écus, comme Guichardin et du Bellay l'ont prétendu, et le nom de Louise de Savoie ne peut être mis en cause [3]. » Il ajoute : « En effet, après l'entrevue de Lautrec et du roi et la scène imaginée par du Bellay, confrontation, nomination de juges, etc., elle est encore au mieux avec le surintendant. Le 7 juin, elle le charge d'une mission de confiance et des plus délicates, « l'enfournement » de son procès contre le connétable de Bourbon [4]. »

Malgré les crues des tailles et autres mesures fiscales, les em-

---

[1] Spont, *Semblançay*, p. 185 (d'après Sanuto, *Diarii*, p. 298) et p. 186.
[2] Spont, p. 181, 187. — Arnoul de Ferron, dont l'histoire (*De rebus gestis Gallorum*) a paru longtemps avant celle de Guichardin, a donné aussi un récit des explications de Lautrec (éd. de 1539, fol. 141). Le nom de Louise de Savoie n'y est pas mêlé. Cf. Paulin Paris, *Études sur François Ier*, t. I, p. 191 (1885).
[3] Spont, p. 188.
[4] La lettre de Louise de Savoie à Semblançay est à la bibliothèque de Rouen. M. Spont la reproduit, p. 188. Cf. *Chronique du bourgeois de Paris*, p. 150.

barras financiers ne font que s'accroître. Le roi soupçonne la probité de ses comptables. Il médite des réformes, des mesures de vérification. Le 17 janvier 1523, une commission est nommée à cet effet. Au mois de juin, rentré à Paris, le roi annonce qu'il est résolu à donner tel ordre au fait de ses finances qu'il ne sera plus trompé. Mais Semblançay n'est pas visé. Il est bien en cour, jouit toujours de son annuel de 4,000 livres et de 2,000 livres de pension sur la cassette. Des faveurs marquées lui sont accordées pour l'agrandissement de son domaine seigneurial [1].

Mais le nuage est proche et le mécontentement va un instant se fixer sur la tête du surintendant. Au mois de juillet, le roi lui demande 100,000 écus pour l'expédition des ducs de Suffolk et d'Albanie en Angleterre, contre Henri VIII. Semblançay tergiverse, réclame des garanties extraordinaires. Le roi lui écrit le 12 août, et pour la première fois sur un ton menaçant. Le surintendant s'exécute. Le roi lui déclare que son ressentiment n'a pas duré plus que la colère [2].

Semblançay commence à pressentir la disgrâce. Pour parer au danger, il se compromet par des actes peu réguliers, quasi frauduleux. Comme on veut lui imposer un nouveau déboursé, il s'entend avec le trésorier Prévost pour forger un bordereau d'emprunts imaginaires. Cette manœuvre le met à l'abri de l'exigence du moment. Et pendant qu'il marchande ainsi avec le roi et qu'il lui réclame sa dette, qu'il exige en nantissement la vaisselle d'argent du roi et de Madame [3], il commet plus qu'une imprudence, aliène définitivement l'esprit du roi par une opération des plus équivoques qui touche au crime de trahison et de lèse-majesté. Il trempe, en apparence, dans la conspiration du connétable, qui n'est pas ignorée du roi et de son conseil. Un des complices, René de Brosse-Penthièvre, veut réaliser sa fortune et passer à l'étranger pour préparer les voies au connétable. C'est Semblançay, son fils et leurs adhérents qui lui en donnent les moyens. Ils lui achètent et lui paient 80,000 écus

---

[1] Journal de Louise de Savoie (collection Michaud, t. V, p. 90); *Actes de François I*^{er}, n° 1730; Spont, *Semblançay*, p. 197.
[2] P. Clément, p. 171, 173; P. Paris, t. I, p. 217-218; *Actes de François I*^{er} (1887), t. I, n° 1858.
[3] Acte d'accusation de Semblançay, art. IX; *Bourgeois de Paris*, p. 117, 195, etc; Spont, *Semblançay*, p. 206.

d'or (2,000,000 fr. environ) la ville et seigneurie de Laigle en Normandie. « Et le vendeur estoit M. de Penthièvre qui depuis ceste vendition s'en alla rendre et prendre le party de l'Empereur contre le roy [1]. » René de Brosse fut condamné à mort.

L'opinion de François Ier est faite sur Semblançay. Le premier acte qui marque nettement la disgrâce du surintendant intervient bientôt après. Il sera englobé dans les recherches qui vont être ordonnées contre de nombreux financiers. Le 13 octobre, il est sommé de présenter ses comptes avec pièces à l'appui, depuis huit ans. Madame réclame aussi son compte personnel. Semblançay s'alarme sérieusement. Il porte ses doléances à Madame et à sa fille, la duchesse d'Alençon, qui lui montrent encore quelque sympathie [2].

Le roi poursuit ses projets de réforme. Les généraux perdent leurs pouvoirs. Ils seront soumis désormais au contrôle du conseil privé dont font partie le duc de Vendôme, le cardinal de Bourbon, le maréchal de Lautrec, le premier président de Selve.... Vers la Toussaint, Semblançay est requis d'avoir à déposer à la Chambre des comptes du conseil du Roi, à Blois, tous les papiers de sa gestion. C'est comme l'acte introductif de l'instance en poursuite.

Semblançay n'a pas bougé. Le roi montre de la patience. Le 11 mars 1524, il nomme une commission pour ouïr les comptes du surintendant. Le mandat de ces commissaires consistait uniquement à examiner les comptes, les clore si possible et en faire rapport. Et comme Semblançay ne s'est pas mis en règle, le roi lui écrit le 5 mai que si dans le délai de trois semaines il n'a pas livré ses comptes, il sera emprisonné à la conciergerie du palais. Cette fois Semblançay obéit. Le 12 mai, les pièces sont transmises au conseil.

La procédure purement civile est ouverte. « Il serait fastidieux pour le lecteur, dit à ce propos M. Pierre Clément, de pénétrer dans le détail de ces démêlés d'argent. » Et il résume cette laborieuse discussion en disant que le principal litige s'engagea entre Madame et son trésorier au sujet des 300,000 écus

---

[1] *Bourgeois de Paris*. Et il ajoute : « Or, est il aussy que le roy et son conseil s'esmerveillèrent fort des dictes grosses acquisitions. » Spont, p. 206.
[2] Spont, *Semblançay*, p. 202, 203.

de Naples, circonstance, ajoute-t-il, qui a pu donner lieu à la fausse accusation que l'on sait [1]. La vérité est qu'il est impossible de se reconnaître, même la plume à la main, dans ces comptes embrouillés par un mode de discussion suranné.

Semblançay récuse la plupart des commissaires, présente des exceptions. Les comptes du roi et de Madame sont débattus séparément, contrairement aux conclusions de Semblançay, qui demande qu'ils soient confondus. L'acquit de 1522 est passé en compte. Il était de 1,574,342 livres. Depuis Semblançay a reçu des remboursements, fait, d'autre part, des avances. Le tout est apuré dans de nombreuses séances du 23 juin au 24 septembre [2]. Les commissaires ne se pressent pas de rendre leur sentence. Le 24 décembre, le roi les invite à se prononcer, ce qu'ils font seulement le 27 janvier.

Semblançay est reconnu créancier du roi pour 1,190,000 livres, chiffres ronds. Il est débiteur de Madame de 107,267 livres de son épargne, ce qui n'a jamais été contesté. Quant aux 300,000 écus de Naples, ils doivent être portés au compte de Madame, qui en fera acquitter Semblançay [3].

La défense de Semblançay est la plus complète justification de Louise de Savoie. Il a fait soutenir par son avocat, Lopin, que les intérêts du roi et de sa mère étaient confondus. Il a présenté de nombreuses lettres de l'un et de l'autre, desquelles il résulte que « Madame a ordonné qu'il soit subvenu au roy en toutes manières possibles.... qu'elle aimoit autant mourir que de voir le roy en nécessité.... qu'elle a entendu que tous ses biens y soient employés [4]. » Cette Louise de Savoie ne ressemble guère à celle de Guichardin et de du Bellay.

Semblançay n'a pas à se plaindre de ces commissaires qu'il a récusés. C'est plutôt le roi qui n'obtient pas satisfaction. Son grief principal est tiré de ce que l'acquit de 1522 a été passé en

---

[1] P. Clément, p. 185.
[2] Procédure de la reddition de compte. Spont, *Semblançay*, p. 202, 227.
[3] *Ibidem*.
[4] Procès criminel. Plaidoirie de Lopin. P. Clément, p. 186, 187. — Louise de Savoie ne cessa pas d'aider son fils de son épargne, notamment en 1524, lors de l'invasion de la Provence. « Et en cest affaire, montra bien Madame toute la magnanimité de son très noble cœur, car de son avoir et chevance la gendarmerie souldoya et avança de marcher. » (*Cronique du roy Françoys I*, publiée par M. Guiffrey, p. 42).

compte sans examen. Il fait appel. Madame acquiesce en ce qui la concerne. Après le roi, Lopin fait appel à son tour pour son client.

Voilà donc où en est cette affaire en 1525, trois ans après la fameuse confrontation du surintendant et de Louise de Savoie. Semblançay restera en paix deux ans encore.

François Ier n'en est pas moins persuadé que de nombreuses malversations ont été commises dans ses finances. En ce qui concerne Semblançay, l'apurement de 1525 n'a pas détruit ses soupçons. Cette première liquidation de 1522, admise pour base de compte, il fallait la reprendre, y chercher la fraude, l'agiotage, l'usure. Le roi ne renonce pas à tirer justice de ces prévarications dont il a tant souffert. La trahison du connétable, le désastre de Pavie et ses suites, ont retardé ses résolutions.

Au mois de janvier 1527, une rafle de financiers est ordonnée. Semblançay est arrêté le 12 (ou le 13). Sont aussi emprisonnés le trésorier Prévost, son complice qui fut aussi, dit-on, son dénonciateur, Nicolas Lallemant, Robert Albizzi, Florentin, banquier à Lyon, Guillaume de Train, Jean Guéret et autres. Plusieurs échappèrent par la fuite.

La commission de 1524-1525 resta en fonctions pour faire un examen préparatoire. Le 16 mai seulement, les juges furent désignés. Il suffit de nommer les plus marquants : Jean de Selve, premier président du parlement de Paris, Jacques de Minut, premier président de Toulouse, Jean Brinon, premier président de Rouen, assistés de membres du grand conseil, de conseillers des parlements de Paris, Dijon, etc. [1].

Pendant qu'il tenait prison, Semblançay se livra à des manœuvres qui n'annonçaient pas une grande tranquillité de conscience et ne pouvaient donner à ses juges que de mauvaises impressions sur sa cause. Il corrompit ses gardiens, complota des projets d'évasion qui furent près de réussir. A l'aide de ces subornations, il put se concerter avec sa famille et ses amis. Il signa des actes antidatés, « certains blancs-signets », pour faire transport de ses biens. Son fils Guillaume, le général, fit disparaître tous les papiers « dont on eût pu charger son père »

---

[1] *Actes de François Ier*, n° 2663; P. Clément, p. 197.

— 19 —

et falsifia par surcharges et ratures les registres de sa comptabilité [1].

Les pièces de la procédure, audition de témoins, redressements de comptes, n'ont pas été retrouvées, mais il existe un acte important qui résume les faits du procès et permet de se faire une opinion. C'est l'interrogatoire de l'accusé, avec ses réponses aux vingt-cinq chefs d'accusation articulés contre lui. Il y a des griefs sérieux.

Sous l'article II on lui reproche d'avoir remis aux comptables (Meigret et autres) « du papier » comme argent comptant. Les quittances qu'il a retirées de ce chef figurent à son crédit dans le compte de 1522. Mais ces valeurs sur des tiers n'ont pas été payées. Sa créance a été ainsi exagérée. — Le fait est avéré. Il répond que les comptables auraient dû l'avertir, qu'il croyait que ces valeurs avaient été payées [2].

Sous l'article III, il est accusé d'avoir touché indûment des intérêts ou gains sur l'argent prêté au roi ou sur les marchés passés en son nom. — Il reconnaît qu'à plusieurs reprises et jusqu'à quatre fois il a majoré des comptes d'intérêts et fait figurer des achats d'or et d'argent dont il avait été remboursé, le tout à concurrence de 7,000 livres [3]. Il ne peut nier qu'il ait reçu des présents (pots-de-vin) pour certains marchés de munitions, mais le munitionnaire lui fit ces présents de peu d'importance, non « à cause du prix, mais de son motif », par gracieuseté [4]. Il avoue s'être entendu avec Prévôt, en 1523, pour forger un bordereau de prêts, « considérant qu'il n'avoit aucuns deniers pour faire lesdits prêts » (ceux demandés par le roi) et avait employé tout son crédit, mais il ne s'est pas servi dudit bordereau [5].

Sous le XI⁰ article on lui reproche : « qu'il devoit faire remettre à Meigret, l'an 1521, 220,000 livres (de diverses parts) pour délivrer Milan et a affirmé devant le roi ladite somme

---

[1] Ces faits résultent des aveux faits par les complices et sont mentionnés dans les lettres de rémission concédées à Guillaume de Beaune en 1530. Cf. Documents sur Semblançay, p. 354-357; Spont, Semblançay, p. 249; Bourgeois de Paris, p. 390, 397.
[2] Acte d'accusation, art. II (Bibliothèque de l'École des chartes, 1895, p. 334).
[3] Ibidem, art. III, p. 335, 336; Spont, Semblançay, p. 253.
[4] Acte d'accusation, art. VII, p. 338, 339; Spont, Semblançay, p. 255.
[5] Acte d'accusation, art. IX, p. 340; Spont, Semblançay, p. 255.

avoir esté envoyée à M. le maréchal de Foix (frère de Lautrec), contre la vérité, car ladite somme n'y avoit esté envoyée. » — Cet article semble bien avoir rapport à l'explication entre le roi, Lautrec et Semblançay, après la perte du Milanais. Mais si cet argent a été retenu, de bonne ou de mauvaise foi, par la mère du roi, c'est le cas de le déclarer, car il y va de la tête! — Semblançay n'en dit mot. Il répond qu'en 1521, il a envoyé 320,000 livres en Italie, somme sur laquelle il a reçu des remboursements, et que cette partie a été réglée en 1522 [1].

Sous l'article XVII, il est accusé « d'avoir pris et retiré de Sapin (comptable) 13,341 l. 17 s. 6 d., pour vaisselle faicte depuis le retour d'Ardres (1520) et livrée à Madame, combien que lad. vaisselle ne fust oncques faicte ou délivrée à lad. dame ». — Il répond qu'il croyait que la vaisselle avait été livrée [2].

Par les articles XXI à XXIII, il est exposé qu'il a fait payer un sien domestique sur les recettes foraines d'Angers et, chose plus grave, qu'il « a faict faire plusieurs quittances ez noms de personnages qui n'avoient jamais pourté ni fourny marchandises et d'icelles s'est aydé ». — Il avoue, sur le premier point, que le receveur d'Angers a fait cela sans son ordre. Quant aux quittances fausses, il explique qu'il faisait venir pour le roi et Madame des marchandises de Milan, Gênes et autres lieux lointains et que « comme les seings des vendeurs n'estoient pas connus ainsi que les signatures des notaires des lieux de la vente, il a pu faire passer des quittances par autres que ceux qui ont livré les marchandises. » Mais il n'a reçu que son dû [3].

Il a fait signer au roi des acquits imaginaires « pour deniers mis en ses coffres. » — Il donne cette réponse équivoque : « Il ne s'est entremis que de l'extraordinaire des plaisirs, et étant en liberté, il se fait fort de prouver où il a employé ces deniers [4], » etc., etc.

Nous avons détaché non les articles les plus importants, mais les plus faciles à saisir à la simple lecture.

---

[1] Acte d'accusation, art. XI. *Ibid.*, p. 340. Spont, *Semblançay*, p. 256.
[2] Acte d'accusation, art. XVII. *Ibid.*, p. 346. Spont, p. 258.
[3] Acte d'accusation, art. XXII et XXIII. *Ibid.*, p. 349. Spont, *Semblançay*, p. 259. — A rapprocher de ces prêteurs auxquels le roi payait des intérêts sans connaître leurs noms.
[4] Acte d'accusation, art. XXI ; Spont, *Semblançay*, p. 259.

Après cela, dit M. Spont, Semblançay met en ligne les services qu'il a rendus au roi depuis son avènement, il rejette sur la faiblesse de sa mémoire et la confiscation de ses papiers l'insuffisance et les variations de sa défense. En désespoir de cause, il s'adresse à la pitié de ses juges, du roi, de Madame, demandant qu'ils veuillent bien l'excuser, « ayant esgard à son ancien aage. » Et, plus loin, M. Spont dit encore : «....Il avoue ses compromissions..., il n'a pas la conscience nette, puisqu'il fait appel à la compassion du roi et de sa mère [1]. »

Par ses réponses, ses excuses, ses prières pour obtenir des juges indulgence et pitié, son appel suprême à la clémence du roi [2], on peut dire que Semblançay a plaidé coupable. Si toutes les pièces du procès étaient retrouvées, la sentence se justifierait d'elle-même, on verrait qu'elle fut consciencieusement délibérée, que tous les chefs de prévention furent examinés, discutés, les uns admis, d'autres rejetés, et que la condamnation « à la somme de 300,000 livres parisis, tant pour la restitution des sommes par ses faulcetez prinses sur les finances du roy qu'aultres dommaiges et intereslz par luy faicts et donnés en icelles [3], » reposait sur les aveux, les témoignages ou les preuves littérales.

Il y eut aussi contre l'accusé ce qu'on appelle « les faits de moralité. » Il avait été comblé de bienfaits par le roi et sa

---

[1] Acte d'accusation, p. 353-354; Spont, *Semblançay*, p. 260, 261. — Après cette démonstration péremptoire que l'odieuse intrigue imputée à Louise de Savoie est de pure invention, et que Semblançay était réellement coupable de péculat, comment M. Spont a-t-il été amené à déclarer que le jugement fut néanmoins entaché de partialité, « que Madame se vengea de ce que Semblançay avait dépensé son épargne ainsi que la pension de Naples » et que « la haine de du Prat acheva la ruine de ce malheureux » (p. 282, 243, 266) ? Singulier illogisme ! On dirait qu'il n'a pas osé, au dernier moment, abolir un préjugé si solidement ancré, rompre nettement en visière avec des maîtres respectés, et qu'après avoir détruit la légende, il a voulu excuser ceux qui l'avaient aveuglément adoptée !

[2] La démarche elle-même impliquait un aveu, mais les termes de la supplique sont encore plus significatifs Il ne se justifiait que sur un point accessoire, la levée des tailles, et terminait par ces mots qui ne ressemblent pas au cri de l'innocence : « Je vous supplye.... qu'il vous plaise, en l'honneur de la saincte passion de Nostre Seigneur, me pardonner si je ne vous ay si bien servy comme je suis tenu. » V. la lettre en entier dans P. Paris, t. I, p. 245.

[3] V. le dispositif de l'arrêt. Clément, p. 396. — Les arrêts criminels n'étaient pas motivés, pas plus qu'aujourd'hui, mais les motifs de la condamnation se lisent tout au long dans les lettres de grâce de Guillaume de Beaune.

mère ¹ et il était véhémentement soupçonné d'avoir trempé dans la trahison contre le roi et la France. Le fait n'était pas relevé et ne pouvait l'être dans une prévention d'ordre spécial, l'affaire était d'ailleurs éteinte par la mort du traître, mais l'impression ne pouvait être chassée et jetait une ombre d'ingratitude et de félonie sur le caractère de ce malheureux.

Ce qui l'accusait aussi, c'était son opulente fortune. Il avait commencé petitement. A tout prendre, Jacques Fournier, dit de Beaune, était au début marchand drapier, comme son père, lorsque Anne de Bretagne le tira de sa médiocrité ², le plus gros marchand de Tours si l'on veut, mais il y avait loin du négociant banquier au baron de Semblançay, vicomte de Tours (roi de Tours, comme on le surnommait), superintendant, bailli et gouverneur de Touraine, grand seigneur terrien. Il avait toujours joué le personnage d'un banquier gêné, quasi ruiné par les exigences du royal client auquel il se sacrifiait, et voici, au moment du procès, un aperçu de ses biens.

Il a « des biens par milliers, » dit Versoris : à Tours, son magnifique hôtel, décoré de sculptures, avec l'hôtel de Dunois ³ pour annexe, garni du plus riche mobilier, la vicomté et les ponts de Tours avec huit seigneuries dans la banlieue, la châtellenie de la Carte, « chastel et maison forte, » quatre fiefs, huit métairies, des bois, des rentes, le château et châtellenie de Mont-Richard, quatre métairies, moulins et fours banaux, dîmes, cens et rentes et la justice, la baronnie de Semblançay, château féodal avec donjon, créneaux, mâchicoulis, chapelle, parc clos de murs englobant trois fiefs et quarante arpents de bois ⁴, la prévôté et chambre à sel de Neufvy, etc., etc., plus une créance

---

¹ V. aux *Actes de François I*ᵉʳ quelques-unes de ces nombreuses faveurs. A son avènement, François Iᵉʳ lui donne 30,000 livres. Louise de Savoie, en le créant son trésorier, lui donne d'un coup 30,000 livres, la prévôté de Neufvy, le fief des Ponts de Tours, la baronnie de Semblançay. V. Spont, ch. I à III, pour les origines modestes du surintendant et les multiples libéralités qu'il reçut du roi et de sa mère.

² Elle en avait fait son trésorier. Il la servit avec adresse dans l'affaire du maréchal de Gié.

³ L'hôtel de Dunois lui avait été donné par Louise de Savoie. Il avait acheté et démoli huit maisons voisines pour agrandir son hôtel. Spont, p. 110 et suiv.

⁴ V. Spont, pour plus de détails. Pour constituer un grand domaine, comme Thomas Bohier à Chenonceaux, « peu à peu, tout ce qui est autour de lui, tombe sous sa main et parfois à l'aide de moyens peu délicats. » Spont, *ibid.*

— 23 —

d'un million et demi sur le roi (environ 35 millions) et son fonds de banquier. Nous empruntons cette énumération incomplète à M. Spont.

Il fut reconnu coupable de « larrecins, faulcetez, malversations, abbuz et male administration des finances du roy. » Le crime de péculat, doublé de faux, étant reconnu constant, la peine était la mort. Les juges ne pouvaient l'abaisser.

Tous les écrivains assignent à la sentence la date du 9 août (vendredi). Il y a lieu à une rectification qui a son importance. La sentence fut rendue avant le 5 août, probablement le 4, puisque le roi délivra à Amiens, le 5 août, des lettres mandant au prévôt de Paris d'exécuter l'arrêt de mort prononcé contre Semblançay [1]. Le 9 août est la date de la signification au condamné aux fins d'exécution. Celui-ci déclara interjeter appel au parlement. L'exécution n'eut lieu que le lundi 12 août (et non le 11). « Par quoy (écrit le « Bourgeois de Paris »), au moien dud. appel l'exécucion surcéa jusqu'au lundy ensuyvant. » La « Cronique du roy Françoys Ier » confirme ce renseignement.

Et ce retard permet d'apprécier la conduite de ces magistrats serviles condamnant par ordre un innocent. L'arrêt est en dernier ressort, il a été signifié au condamné qui doit être supplicié le jour même. La volonté royale de laisser la justice suivre son cours est connue. Le mandement d'exécution est parvenu au prévôt. La force publique est déployée, le peuple est déjà rassemblé « en nombre innumérable. » Mais le condamné, sur la lecture de l'arrêt, fait appel. Les juges délibèrent, ne veulent pas enlever à un malheureux son dernier recours. L'exécution est contremandée. Ils envoient des courriers à Amiens pour informer le roi [2].

Les détails du supplice de ce vieillard de soixante-neuf ans [3] sont navrants. Le malheur, la souffrance à ce paroxysme, supportés avec une si admirable fermeté, excitent une pitié qui fait

[1] Lettres portant cet ordre. Amiens, 5 août 1527. *Actes de François Ier*, n° 2722. — Cette remarque a échappé même à M. Spont.
[2] Ces courriers du parlement durent porter au roi l'imploration suprême de Semblançay. Sa lettre est datée « Vendredi » (9 août, jour de la signification et de l'appel). L'avocat Versoris, qui écrit au moment même, narre ces faits avec précision dans son « journal. »
[3] On a aussi exagéré son âge en lui donnant soixante-quinze ans. Spont, *Semblançay*, p. 15.

oublier le crime. On ne pardonne pas à François Ier de n'avoir pas pardonné à Semblançay, même coupable. A mesure que les mœurs sont devenues plus humaines, la réprobation de cette implacabilité s'est accentuée. Le péculat, la dilapidation des deniers publics, ne sont plus, de notre temps, passibles d'une telle rigueur, ni dans les lois ni surtout dans l'opinion !.... Néanmoins, personne n'est autorisé à soutenir que François Ier, en laissant la justice suivre son cours, commit un forfait contre sa conscience.

Varillas atteste que l'innocence de Semblançay fut plus tard reconnue et qu'il fut réhabilité. C'est encore une de ces erreurs, parlant par euphémisme, répandues par les écrivains de seconde main. La veuve et le fils de Semblançay (celui-ci, impliqué dans la poursuite, s'était réfugié en Allemagne) intentèrent quelque temps après une action en revision tendant à la réhabilitation du défunt. Cette fois, c'est bien le parlement qui statua et, loin de laver la mémoire de Semblançay, il confirma, le 11 février 1529, la sentence capitale rendue contre lui. Bien plus, il étendit la culpabilité aux demandeurs en revision et autres complices.

Et il est impossible d'équivoquer sur ce point, comme on l'a fait sur plusieurs autres. Les délégués, sous la désignation de « chambre de la tour carrée [1], » continuèrent, durant plusieurs années, les recherches contre les financiers et prononcèrent encore des condamnations à mort [2] et autres peines; mais c'est la cour du parlement qui statua sur la revision et donna ainsi le dernier sceau de justice à la condamnation de 1527 [3].

Guillaume de Beaune fut condamné à la flétrissure au fer chaud et au bannissement perpétuel [4]. Il demanda sa grâce en

---

[1] Cette commission, dont le personnel subit des modifications, siégeait à la tour carrée du palais.

[2] Entre autres, contre le trésorier Jean Poncher, qui fut pendu tout comme Semblançay (Jacqueton, *La politique extérieure de Louise de Savoie*, p. 15). — Et pourquoi cette indignation irritée au sujet d'un financier et cette indifférence à l'égard de l'autre (de plusieurs autres), au point qu'on ne sait pas positivement s'il y eut deux Poncher financiers (Jean et Louis) pendus ou un seul ! Prévost fut aussi condamné à mort.

[3] Cela résulte en termes formels des lettres de rémission de Guillaume de Beaune. — Et c'est là ce que des écrivains, d'ailleurs estimables, mais aveuglés par le « *Magister dixit*, » sans vérification, sans contrôle, appellent « le crime de Louise de Savoie, l'assassinat juridique de Semblançay ! » (Paillard, *Documents relatifs aux projets d'évasion de François Ier*, *Revue historique*, 1878.)

[4] D'après les lettres de rémission. Clément, p. 402.

s'excusant sur sa jeunesse et ses devoirs d'obéissance filiale. Elle lui fut accordée dans la plus large mesure. Par lettres d'abolition du mois d'avril 1529, il fut réintégré dans sa charge de général des finances, dans tous ses biens et dans les bonnes grâces du roi et de sa mère, à la sollicitation de laquelle, est-il dit, ce pardon fut octroyé. Mais ces lettres reproduisent longuement ses aveux formels, non seulement en ce qui touche sa culpabilité personnelle, *mais celle de son père* [1]. Et qui voudrait croire que, pour reconquérir sa fortune et sa fonction, ce fils n'aurait pas craint de charger la mémoire de son père qu'il savait innocent!.... Malgré l'impression de regret laissée par l'impitoyable sévérité dont Semblançay fut victime, François Ier n'en méritait pas moins, à ce moment même, d'être nommé, par les complices du surintendant et par ceux du connétable, FRANÇOIS LE CLÉMENT [2].

Nous répétons que la légitimité de la condamnation de Semblançay ne fut pas mise en doute au temps de l'action. Du Tillet, Arnoul de Ferron, Jean Bouchet, le « Bourgeois de Paris, » la « Cronique du roy Françoys, » etc., etc. [3], le tiennent pour coupable. Clément Marot, dont une épigramme a contribué peut-être à la légende, n'est pas d'un autre avis. Et le sentiment populaire fut traduit par les complaintes de la rue [4].... Qui aurait osé croire que les chefs justement respectés des trois plus illustres parlements du royaume auraient forfait à leur conscience sur l'injonction du chancelier, eux qui venaient de montrer une si fière indépendance, presque de la mutinerie, vis-à-vis de ce chancelier et de la régente qui le soutenait [5] !

Faisons justice une fois pour toutes d'imputations si téméraires. Beaucaire a prétendu que les magistrats qui avaient jugé Semblançay (ainsi que ceux qui connurent de l'affaire du conné-

---

[1] V. les lettres *in extenso* dans P. Clément, p. 398-407.
[2] Et. Pasquier, Des épithètes que nos ancêtres donnèrent à chacun de nos rois. *Œuvres*, t. I, p. 417 ; Paradin, *Hist. de notre temps* (1559), p. 500.
[3] Paradin ne parle même pas de l'affaire Semblançay.
[4] Le fameux huitain sur le lieutenant Maillard vante la fermeté de Semblançay devant la mort, mais l' « Élégie du riche fortuné », du même Marot, roule sur son « criminel vice » — V. la ballade « Souviègne toy de la mort Semblançay. » *Cronique du roy Françoys I*[er], p. 144.
[5] Résistance des magistrats à l'occasion du Concordat, conflit entre l'archevêque élu de Sens et le chancelier du Prat, nommé à cette dignité par la régente, remontrances diverses au roi lui-même.

table) étaient vendus à du Prat, qui venait de leur donner leurs charges [1]. C'est un mensonge patent qui a obtenu crédit. Les trois premiers présidents de Selve, Brinon, de Minut, étaient de vieux magistrats de carrière élus par leurs collègues. Le connétable fut jugé par le parlement tout entier. Et nous devons aussi montrer l'inconséquence des historiens de tout degré qui se sont fiés à des guides si peu sûrs qu'un Beaucaire et un Varillas! Nous citions tout à l'heure l'un d'entre eux qui, cédant au courant, a qualifié la poursuite contre Semblançay d' « assassinat juridique » et les juges d' « arbitres vendus. » Ce même auteur, quelques pages plus loin, parle ainsi de Jean de Selve : « Il est impossible de ne pas se rappeler que le parlement de Paris avait l'heureuse fortune d'avoir à sa tête, en 1525, l'un des magistrats les plus éminents dont puisse s'honorer l'ancienne France. Nous voulons parler de Jean de Selve, dont la savante obstination fut très remarquée dans les négociations qui précédèrent le traité de Madrid. L'intervention seule de cet intègre magistrat doublé d'un excellent patriote eût suffi sans doute pour maintenir dans le devoir la grande compagnie à laquelle il appartenait [2]. » C'est ainsi que Jean de Selve est apprécié unanimement, nous l'avons dit. Il fut le président de la commission qui condamna Semblançay.

L'opinion la mieux avertie en telle matière, celle du barreau, des avocats « qui jugent les juges au jour le jour », nous est donnée au moment même. M⁰ Nicolas Versoris, avocat au parlement, frère du célèbre défenseur des Jésuites contre Étienne Pasquier, écrit dans son journal domestique, le 12 août, jour de l'exécution : « En grant difficulté sçaroit l'on penser le monde qui fust présent lequel avoit mervileuse pitié et compassien dudit sieur (de Semblançay) *car, combien, voirement, que l'on sceut son procès avoir esté bien et justement faict,* toutesfoys parce que pendant qu'il estoit en si gros honneur, administrant toutes les grosses charges du réaulme, il estoit fort saige, humble et gracieux aux gentilshommes et au peuple qui avait affaire à luy.... *Mais l'avarice et désir d'avoir bien à foison fust cause de l'exerquer(?) et de perdre cognoissance de raison....* Il fust fort plaint et

---

[1] Sur douze membres, il n'y a que trois conseillers de parlement de Paris. *Actes de François I⁰ʳ*, n° 2663.
[2] Paillard, *ubi supra*, 1° p. 322; 2° p. 343.

regretté du peuple qui eust bien voullu qu'il eust pleu au Roy le saulver [1]. » Versoris fut présent à l'exécution. Son témoignage a plus de poids que celui de Beaucaire, qui était un enfant à la mort de Semblançay.

Après cette démonstration aride, terre à terre, mais rigoureuse et mathématique, pour ainsi dire, avons-nous raison de déclarer que la poursuite et la condamnation de Semblançay rentrent dans le cadre banal des recherches contre les financiers prévaricateurs, d'une périodicité si fréquente sous l'ancienne monarchie? Louis XII, le Père du peuple, qu'on oppose toujours à François Ier, avait aussi fait pendre ses trésoriers Hérouët et Corcou, parce que l'armée d'Italie avait manqué d'argent [2]. Semblançay paya de sa vie un crime qui emportait alors la peine capitale.... François Ier aurait dû pardonner! Oui, dans nos idées modernes. Il ne le fit pas, parce qu'il avait la conviction que les financiers, par leurs malversations, avaient causé ses insuccès militaires, son désastre. Et « tout le monde en France (dit M. Dareste) attribuait à cette cause les derniers revers de nos armées [3] ».

II.

Le procès du connétable de Bourbon se déroulait en même temps. Jean de Selve présida le parlement aux diverses phases (procès civil, procès criminel) de ce célèbre litige. On connaît la version mise en cours par les chroniqueurs de Flandre et de Bourgogne. Il s'agit encore d'une infamie de Louise de Savoie.

On se trompait en disant qu'en 1522 elle se vengeait de Lautrec qui avait dédaigné son amour. Non. En 1522, âgée de quarante-six ans, déjà valétudinaire, atteinte de goutte [4], elle avait conçu une ardente passion pour Charles de Bourbon, âgé de trente ans, veuf depuis quelques mois. Les propositions de mariage qu'elle lui fit adresser furent repoussées avec un mépris traduit par les paroles les plus outrageantes [5]. Elle jura la perte

---

[1] *Mémoires de la Société de l'histoire de Paris*, t. XII, p. 200.
[2] Tailhé, *Histoire de Louis XII*, t. I, p. 378 ; Rœderer, *ubi supra*, t. I, p. 22.
[3] *Histoire de France*, t. III, p. 525.
[4] « Le 15 octobre 1522...., je fus fort malade de goutte et mon fils me veilla toute la nuit, » dit-elle dans son *Journal*. Cf. Mignet, *Rivalité de François Ier et de Charles-Quint*, t. II, p. 197 ; Jacqueton, *ubi supra*, p. 7.
[5] D'autres disent qu'il était son amant, qu'elle l'aimait avant qu'il fût

— 28 —

de celui qui l'avait offensée. Son fils, moitié par faiblesse, moitié par intérêt, la seconda dans son œuvre de haine. Le chancelier du Prat, toujours prêt aux vilaines besognes, inventa les moyens pour atteindre ce but. Des juges complaisants (comme à l'égard de Semblançay) se rencontrèrent pour favoriser cette entreprise dont tant de malheurs devaient sortir pour toutes les parties. La trahison du connétable fut la conséquence du plus injuste des procès qui le réduisait à la ruine.

Il n'est pas dans notre sujet de scruter la moralité de Louise de Savoie. Peu importe à l'histoire. Nous ferons seulement remarquer, en passant, que cette princesse de complexion si amoureuse, très belle, très riche, d'une intelligence supérieure, veuve à dix-huit ans, ne se remaria pas, se consacra à l'éducation de ses enfants, et que parmi ceux qu'elle aurait aimés on n'a jamais nommé que Lautrec et Bourbon, pour dire qu'ils la traitèrent comme une autre dame Putiphar! Les amateurs d'histoire romanesque trouveront satisfaction à leur goût dans les diatribes de Michelet (pour ne citer que ce violent justicier), et s'ils veulent remonter à la source, dans le grossier récit du Bourguignon Macquereau ou dans le conte absurde du Flamand Van Baarland [1]. Qu'ils ne cherchent pas dans les annalistes français contemporains, ils n'y trouveraient rien de pareil! Nous ne voulons pas examiner davantage si cette poursuite ne fut pas impolitique, mal conçue et mal dirigée, et si le roi, sa mère, son chancelier, ne furent pas aussi imprudents que maladroits en usant de mesures comminatoires, là où il fallait frapper et frapper vite.

Nous étudierons cette grave question sous un angle plus restreint. Nous porterons simplement sur les faits cet « œil de l'histoire » d'un dicton suranné, trop souvent oublié de nos historiens philosophes. La vulgaire chronologie nous dira peut-être mieux le mot de l'énigme que la fallacieuse psychologie.

---

marié (il l'était à quatorze ans), qu'elle le fit nommer connétable (Varillas, *Hist. de François I*er, t. I, p. 278; Maulde, *Louise de Savoie et François I*er, p. 366). Michelet ne doute pas de ces vilenies. Il pense bien autre chose de Louise de Savoie. Son fils, qu'elle avait eu à dix-huit ans, était un bâtard, de père inconnu, dans une passade! (*Renaissance*, p. 457; *Réforme*, p. 192.)

[1] Chronique de la maison de Bourgogne, par Robert Macquereau, l. VII, ch. VIII, IX, dans le *Panthéon littéraire*. — Van Baarland, *Chronologia brevis ab orbe condito ad an. 1532.* V. P. Paris, *op. cit.*, t. II, p. 65 et 77.

Celle-ci nous enseigne que le procès fut la cause de la trahison, celle-là pourrait bien nous démontrer que la trahison fut la cause du procès.

Charles de Bourbon-Montpensier, né en 1491, chef de la branche cadette de la maison ducale de Bourbon, avait épousé, le 10 mai 1505, sa cousine Suzanne de Bourbon, âgée de treize ans, fille de Pierre de Bourbon-Beaujeu, duc de Bourbon, et d'Anne de France, fille de Louis XI. Elle était disgraciée de la nature, « petite, noire, bossue, non seulement sur les épaules, mais encore par devant, » et « l'on n'avait opinion qu'elle portât jamais enfant » [1]. Un ambitieux ne recule pas pour si peu. Ce mariage avait pour but de réunir sur ces deux têtes tous les biens de la maison de Bourbon, d'éteindre ainsi des compétitions de propriété entre les deux branches et même d'empêcher d'autres revendications.

Le futur était riche de sa « chevance ». Il possédait le comté de Montpensier, le delphinat d'Auvergne et comté de Clermont-Ferrand, le duché de Châtellerault et autres terres d'importance. Maigre fortune pourtant à côté de celle de la future.

Suzanne, orpheline de père, apportait en dot d'immenses domaines, les duchés de Bourbonnais et d'Auvergne, les comtés de Clermont en Beauvoisis, de Forez et Lyonnais, le Beaujolais et les Dombes, le comté de la Marche, la Combraille et le Franc-Alleu, les vicomtés de Carlat et de Murat, la vicomté de Thiers, la baronnie de Mercœur, la seigneurie de Gien, etc., etc.; une assez grosse tranche du royaume.

Par leur contrat de mariage, ces deux enfants s'étaient fait donation mutuelle de tous leurs biens en faveur du survivant, avec l'approbation d'Anne de France, douairière, usufruitière et tutrice.

Suzanne de Bourbon mourut sans postérité le 28 avril 1522, confirmant par disposition testamentaire la donation portée par son contrat de mariage.

Charles de Bourbon devenait ainsi, à trente ans, le plus grand seigneur terrien de la chrétienté après les têtes couronnées. « Jamais seigneur de France, n'estant fils de roy, n'estoit arrivé

---

[1] Jacques Buonaparte, *Le Sac de Rome en 1527*, p. 185. *Panthéon littéraire.* — Marillac et Laval, *Vie du connétable de Bourbon*, p. 167. *Panthéon littéraire.*

à si haut degré de fortune ¹. » Ces grands fiefs, en dehors de l'honorifique, du pouvoir, de l'influence morale, produisaient d'énormes revenus en propriété directe ou utile, droits de justice et droits régaliens. La plupart comportaient imposition de taille, levée d'hommes de guerre, frappe de monnaie, etc. Ce haut et puissant seigneur était en même temps connétable et grand chambrier de France, gouverneur de Languedoc, pair du royaume et le plus rapproché du trône par le sang après le duc d'Alençon. Sa maison était de trois cents gentilshommes. Le roi lui-même ne pouvait lutter de magnificence avec lui. Valeureux homme de guerre, d'une fierté hautaine, d'un caractère ardent, ombrageux, vindicatif, d'une ambition démesurée, Henri VIII, au camp du Drap d'or, avait discerné du premier coup d'œil le danger qu'un personnage de cette nature présentait dans un État. Il avait dit à François Ier : « Si j'avais un tel sujet, je ne lui laisserais pas longtemps la tête sur les épaules ². »

Le lundi 11 août 1522, la cour de parlement assemblée pour ses audiences ordinaires, le premier huissier appela « l'intitulation des rôles de Bourbonnais, Auvergne, Châtellerault, la Marche, sous les noms de Charles de Bourbon, Mme Anne de France douairière et usufruitière ».

Me Guillaume Poyet, avocat, demanda la parole pour Madame mère du roi, se porta opposant et forma « complainte en cas de saisine et nouvelleté, soutenant que toutes ces qualités devoient tomber en sa partie. » Ses conclusions étaient motivées sur ce que Louise de Savoie étant la plus proche lignagère de Suzanne de Bourbon, l'entière succession de celle-ci devait lui échoir en vertu de la loi. Elle avait d'ailleurs des droits propres sur partie des biens, et il ne devait être tenu aucun compte de la donation faite par une fiancée de treize ans et des dispositions testamentaires qui l'avaient confirmée. Louise de Savoie était cousine germaine de Suzanne. Sa mère, Marguerite de Bourbon, était sœur du père de la défunte.

La cause fut appointée, et par arrêt de la cour, le premier président de Selve la renvoya au lendemain.

A cette audience, Me Poyet développa ses conclusions. Le

---

¹ Pasquier, *Recherches de la France*, *Œuvres*, t. I, p. 559.
² Michelet, *Réforme*, p. 139.

principal argument consistait en ce que dans son contrat de mariage avec Philippe de Savoie, Marguerite de Bourbon avait, moyennant une dot, renoncé aux successions de ses père et mère (Charles de Bourbon et Agnès de Bourgogne), tant qu'il y aurait des descendants mâles ou femelles de sesdits père et mère, *réservée en autre cas loyale escheute*, c'est-à-dire le droit de revenir à la succession de ses parents, à défaut d'hoirs directs. Ce cas se réalisait. Suzanne morte, Louise restait seule du sang de Charles de Bourbon et d'Agnès de Bourgogne. Elle rentrait par représentation dans les droits auxquels sa mère n'avait renoncé que sous condition et succédait en même temps à sa cousine germaine morte ab intestat, sans testament valable. On voit déjà que l'action se présentait avec quelque apparence de fondement juridique et non comme une chicane insoutenable.

M° Bouchard, pour Anne de France, réclama la jouissance de tous les biens, comme douairière et usufruitière, en même temps que le bénéfice du sénatus-consulte velléien, c'est-à-dire la succession de la fille en faveur de la mère.

M° François de Montholon parla pour Charles de Bourbon, soutint que des constitutions particulières réglaient la succession de ces grands fiefs et qu'ils ne pouvaient tomber en quenouille, les uns étant des apanages détachés du domaine de la couronne, les autres soumis à la loi salique. Il devait donc y succéder tant comme plus prochain mâle et héritier qu'en vertu des donation et testament de sa défunte femme. Néanmoins, Montholon demanda délai pour défendre plus péremptoirement à toutes fins.

M° Pierre Lizet, avocat du roi, intervenant pour le procureur général, requit communication des titres, « disant que tel faisoit lever le lièvre qui ne le prenoit pas, ains tomboit inespérément ès mains d'un autre qui n'y pensoit.... et qu'après que les titres auroient esté par luy veus, peut-estre se trouveroit-il que les deux parties disputoient de la chappe à l'évesque (ce sont les mots dont il usa) [1]. »

La cour ordonna que les titres seraient communiqués au procureur général et ajourna la cause au lendemain de la Saint-Martin d'hiver (12 novembre).

[1] Pasquier, *ubi supra*.

Voilà donc ce grand procès « enfourné. » Et ce qu'on remarque tout d'abord, c'est qu'aucune des parties ne paraît très pressée de la décision. La poursuite est molle, la défense est dilatoire.

Anne de France mourut le 14 novembre de cette même année, instituant son gendre Charles de Bourbon son héritier universel. Celui-ci pouvait donc par surcroît s'appuyer des droits de la mère tant sur ses biens personnels que sur l'hérédité de sa fille.

La cause fut encore renvoyée, ne revint devant la cour, pour être plaidée, que le 11 décembre. Montholon réclame un nouveau délai. Poyet s'oppose au renvoi, soutenant que « c'est une hypocrisie de barreau » et que Montholon, « par son premier plaidoyer, s'estoit tellement ouvert que malaisément il pourroit y apporter quelque chose de plus. » Néanmoins les gens du roi n'insistant pas, la cour renvoya l'affaire au lendemain des Rois (7 janvier). Elle fut encore remise au 12 février, toujours du consentement des gens du roi.

M° Lizet posa ses conclusions pour le roi et les développa avec un grand talent. Il démontra que la plupart des terres de la succession de Bourbon provenaient du domaine inaliénable de la couronne et qu'en ayant été détachées pour servir d'apanage à des fils de France, elles devaient revenir à la couronne, parce que la descendance mâle de ces princes avait cessé. La cause fut continuée au 23 mars.

La question juridique était simple, le droit public la réglait catégoriquement. Le point de fait était incontestable. Mais de nombreux actes régaliens ou de droit commun, illégaux, contradictoires, s'enchevêtrant durant plus d'un siècle, avaient temporairement suspendu, annihilé ce droit supérieur.

Rappelons les règles fondamentales, absolues, du droit public concernant le domaine de la couronne.

Sous la troisième race, le domaine de la couronne, le *sacrum patrimonium* des Romains advenu au roi à son avènement, à raison de la dignité royale, est de son essence indivisible, inaliénable, imprescriptible. Cette règle ne fléchit que dans deux cas, pour nécessité de guerre ou pour apanager les enfants mâles puînés de la maison royale. Les filles doivent être dotées en argent. L'apanage (le pain, suivant l'étymologie) n'est donné qu'à titre d'usufruit pour ainsi dire. Il n'est dû qu'au nom et au sang de France. Le nom éteint à défaut de mâle, l'apanage n'a plus de raison d'être, il revient *ipso facto* à la couronne. Le parlement, gardien fondamental des lois du royaume, est chargé de conserver les droits de la couronne en faveur du roi, mais surtout en faveur de l'État et, s'il y a lieu, contre le roi [1].

En effet, les rois, dans telle circonstance donnée, par intérêt personnel, par faiblesse, par contrainte, peuvent négliger ou même violer les droits de l'État. Le parlement peut être forcé de céder à la volonté royale du moment. Le droit est suspendu, endormi, mais il ne périt pas. Ce qui a été ainsi accompli n'a que la puissance du fait et pourra toujours être détruit par l'application du droit. Les parlements ne laissent échapper aucune occasion de rattacher au domaine de la couronne les membres qui en sont irrégulièrement séparés. C'est ainsi qu'Étienne Pasquier et Charles Loyseau ont pu déclarer que l'unité territoriale de la France est due aux parlements et que, sans leur effort persévérant, elle eût été morcelée en une foule de petits États comme l'Allemagne et l'Italie [2].

Nous nous garderons d'entrer dans l'exposé inextricable et dans la discussion des actes sans nombre invoqués par Charles de Bourbon. Il n'y eut pas lieu de juger le procès, et ces développements sont devenus sans intérêt [3]. Mais par un exemple donnons une idée de la légitimité incontestable des droits de l'État.

Jean de France, fils puîné de Jean le Bon et frère de Charles V, fut successivement apanagé du duché de Berry, du comté de Poitou et du duché d'Auvergne. Il eut deux fils qui moururent avant lui. Les apanages devaient revenir à la couronne, et ce retour s'effectua pour le duché de Berry et le comté de Poitou. Mais, en 1400, lors du mariage de sa fille cadette, Marie de

---

[1] Il n'y a pas de controverse sérieuse à cet égard dans l'ancien droit. V. le « Répertoire » de Guyot qui donne l'historique de la matière d'après Chopin, Balde, Bacquet, Papon, du Tillet, etc.

[2] Pasquier, *ubi supra*, t. 1, p. 48, 49 ; Loyseau, *Traité des seigneuries*, p. 71 ; éd. de 1613.

[3] Mignet, t. II, p. 375 et suiv., a examiné sommairement ces questions qui demanderaient, pour être connues, une très longue discussion. Il se range du côté Bourbon parce qu'il ne tient compte que des faits et néglige le droit et les principes imprescriptibles. Michelet a mieux vu cette fois. Il reconnaît le fondement juridique du procès de Louise de Savoie et de François I*er* (*Réforme*, ch. IX). Cf. Garnier, *Hist. de France*, t. XXIV.

Berry, deux fois veuve, avec Jean de Bourbon, il obtint de Charles VI, déjà en démence, que le duché d'Auvergne, contrairement à la loi des apanages, fût transmis après sa mort à sa fille et ne revînt à la couronne qu'à l'extinction de la descendance masculine des deux futurs époux.

La concession du roi est nulle. Sa consécration par le fait, sa confirmation obtenue des rois ses successeurs ou des cours de justice, par complaisance ou par contrainte, n'effaceront pas son vice originaire. Telle est la loi, telle la jurisprudence lorsqu'elle a sa liberté.

En effet, à la mort du duc de Berry, survenue en 1416, les officiers du roi font saisir le duché d'Auvergne comme revenu à la couronne. Marie de Berry, duchesse de Bourbon, proteste. Le roi la soutient dans sa revendication, la reçoit à l'hommage du duché, donne ordre à la chambre des comptes d'en faire la délivrance. Les gens du roi maintiennent la saisie, et Charles VI meurt sans que le duché ait été rendu.

Charles VII monte sur le trône, a besoin des services de la maison de Bourbon et fait rendre le duché à Marie de Berry. D'autres actes interviennent sous Louis XI, sous Charles VIII, sous Louis XII, se détruisant l'un l'autre. Il n'importe : le duc de Berry, apanagé, est mort sans enfant mâle. Depuis cette date, l'apanage est réintégré en droit au domaine, dont il reste séparé en fait. La décision du parlement de 1523 n'était pas douteuse sur ce point. Il y avait d'autres apanages dans le même cas, particulièrement quelques-uns de ceux constitués par Louis XI, illégalement, à sa fille Anne, mère de Suzanne.

Quant au procès de Louise de Savoie, il était également imperdable pour certaines parties. Est-il permis d'affirmer que les fiefs de la maison de Bourbon étaient des fiefs saliques quand ils se trouvent dans la succession d'une femme (Suzanne) qui en a joui sa vie durant? Mais en remontant à l'origine, tout le monde sait que la baronnie de Bourbon (plus tard duché), lorsqu'elle arriva, par mariage avec Béatrix de Bourgogne, à Robert, fils de saint Louis, qui en prit le nom, était déjà tombée deux fois en quenouille [1]. Il est vrai que depuis Robert le fief

---

[1] V. *Art de vérifier les dates*, t. II, p. 413. Pour plus de détails, Coiffier-Dumoret, *Hist. du Bourbonnais*, t. I, p. 120. Le fief de Bourbon avait passé par mariage de la maison primitive de Bourbon dans la maison de Dam-

était arrivé de mâle en mâle à Pierre de Bourbon-Beaujeu, mais cela ne prouve rien, puisque la dévolution s'était produite de père en fils et qu'en fin de compte, après Pierre, la quenouille n'avait pas été écartée. Nous pourrions étendre ces arguments à d'autres seigneuries. Tout au moins on ne niera pas que certains biens possédés par Suzanne étaient à l'abri des prétentions de Charles de Bourbon, soi-disant héritier salique ou substitué. Concédons-lui pour le ra'sonnement tous les fiefs patrimoniaux de la maison de Bourbon jusqu'au duc Jean Ier et Marie de Berry, sa femme, son bisaïeul et sa bisaïeule. Mais après cette génération, les acquêts du duc Charles et d'Agnès de Bourgogne, du duc Jean II qui eut trois femmes, vis-à-vis desquels il n'est qu'un collatéral, arrière-neveu, arrière-cousin, tandis que Louise de Savoie est héritière du sang, fille, petite-fille, comment pourrait-il y avoir le moindre droit en vertu de prétendues substitutions ? Ces acquêts étaient arrivés à Pierre de Bourbon-Beaujeu puis à Suzanne, et ils revenaient à Louise de Savoie par « loyale escheute. »

Les audiences s'étaient succédé à partir du 12 février. Poyet répliqua le 23 mars. Montholon plaida le 9 juillet, puis le 6 août. A cette audience du 6 août, il réfuta principalement les arguments de Poyet et s'opposa à la nomination d'un séquestre qui était réclamée par ses adversaires, parce que l'affaire traînait en longueur. Il ne contestait qu'à demi les droits du roi. Il soutenait, quant aux apanages, qu'ils étaient dévolus aux mâles ou, à défaut de mâles, à la couronne, et que Louise de Savoie ne pouvait y rien prétendre. Pour les autres terres de droit écrit, « quand ores la succession ab intestat auroit lieu, » elle n'y aurait aucun droit, car elle serait exclue par Madame Anne de France, mère de la défunte. Nous ignorons comment, admettant la succession ab intestat, il combattit le droit de « loyale escheute. »

Par arrêt dudit jour, la cause fut continuée après vacations et la cour ordonna que les gens du roi viendraient répondre au lendemain de la Saint-Martin. Il n'était pas statué sur la demande de séquestre. Mais quelques jours après Poyet présenta requête

---

pierre, et Agnès de Dampierre devint dame de Bourbon, quoiqu'il existât des collatéraux mâles, et elle transmit le fief à sa fille, Béatrix de Bourgogne. *Ibidem.* — Et au xviie siècle, vivaient des descendants mâles directs des premiers seigneurs de Bourbon. D'Hozier a publié leur généalogie.

pour que la décision relative au séquestre fût rendue avant que le parlement se séparât, c'est-à-dire avant le mois de septembre. Dans une de ses dernières audiences, la cour, jugeant utile cette mesure conservatoire, désigna le maréchal de Chabannes pour administrer les biens de la succession, le procès pendant [1].

Cette mesure peut-elle être reprochée au parlement? Elle n'était ni anormale ni rigoureuse. On oublie que la cause ne s'agitait pas entre deux particuliers, mais que la couronne, c'est-à-dire l'État, y était partie. Une maxime de droit portait : « Le roi ne plaide que saisi [2]. » En 1416, les officiers du roi n'y avaient pas mis tant de façons. En 1522 et 1523, il y avait de plus urgents motifs de placer les apanages sous la main du roi et d'attendre que l'intéressé se portât demandeur en revendication. Mais tout dans cette affaire, les ajournements successifs, les demi-mesures, l'attitude des poursuivants et des juges, semble démontrer qu'une conciliation amiable était plutôt souhaitée qu'une conclusion juridique.

Grande cause véritablement, dit Étienne Pasquier, si jamais il y en eut en France! Car il s'agissait de deux duchés, quatre com-

[1] Nous prenons ces détails à la lettre, avec les dates, dans l'apologie d'Antoine de Laval. Retenir cette date (fin août) de l'arrêt de séquestre.

[2] « Le parlement ne l'appliqua pas, dit Pasquier, mais bien mettant toutes ces duchés, comtés.... en main tierce, c'estoit une provision qui sembloit réduire au petit pied la grandeur de ce prince. » *Œuvres*, t. I, p 562. Et c'était le but du procès. — La prévention exerce une telle influence dans ces questions que les erreurs les plus faciles à éviter s'introduisent comme vérité dans l'histoire. M. de Maulde énonce qu'à la nouvelle de la mise sous séquestre, Anne de France mourut de douleur. Elle était morte depuis dix mois. — L'illustre historien Mignet, t. II, p. 394, reproche à François Ier d'avoir, par acte du 6 septembre 1522, fait don à sa mère des comtés de la Marche et de Gien et de la vicomté de Murat..., confisqués sur Anne de France qui les avait reçus en apanage de son père Louis XI. — Voyez, ajoute l'auteur, cette donation aux Archives nationales. — On l'y chercherait vainement. Les donations de ces seigneuries *provenant de la succession d'Anne de France* sont des 26 novembre 1522 et 10 janvier 1523. La réversion de ces apanages à la couronne s'était ouverte par la mort d'Anne de France. Au reste, ces mesures, comme le procès lui-même, avaient plutôt un caractère comminatoire qu'un résultat effectif. D'abord le parlement, vu la litispendance, n'enregistra le premier acte que sous réserve et n'enregistra pas le second (*Actes de François Ier*, n°s 1691, 1721). Le connétable continua sans doute de jouir des terres en litige. C'est certain pour la vicomté de Murat. Le 23 juin 1523, par lettres données à la Chaussière, il réglait les affaires de la ville de Murat, nommait les consuls, etc. (*Dictionn. du Cantal*, art. Murat, t. IV, p. 421). — C'est ainsi qu'une mesure fondée en droit est transformée, par un changement de date, en un acte d'audacieuse spoliation.

tés, deux vicomtés, plusieurs baronnies et châtellenies et une infinité d'autres seigneuries. Trois illustres parties, une mère de roi, un prince du sang et finalement le roi lui-même. Trois signalés avocats, Poyet, depuis chancelier, Montholon, garde des sceaux, Lizet, premier président du parlement de Paris ! — On dit que François 1er, qui aimait l'éloquence, vint assister plusieurs fois en cachette à ce tournoi et qu'il admira si fort le talent de Montholon, son adversaire, que dès ce moment il lui destina les sceaux.

Il faut maintenant revenir en arrière, un peu loin, pour résumer cette lamentable histoire de la trahison d'un prince du sang, valeureux, de haute intelligence, riche de biens, comblé de faveurs, contre son roi et sa patrie. Et il n'y a pas lieu de se contenter ici, comme dans l'histoire générale qui n'est qu'une synthèse, d'un examen d'ensemble, d'un groupement de faits triés avec art pour intéresser le lecteur sans le fatiguer, il est nécessaire, au risque d'être aride, de procéder à une rigoureuse analyse, de coordonner les événements en les plaçant à leur date, en fixant leur portée, en en dressant une sorte de bordereau.

Nous sommes au commencement de 1519. Les relations de Charles d'Autriche et de François 1er sont très tendues. Charles a rompu le traité de Noyon, ne veut plus devenir le gendre du roi de France, ne paie plus la pension de Naples. L'empereur Maximilien est mort le 12 janvier. La compétition pour l'Empire est ouverte, la lutte est déjà vive. C'est le moment que choisit Charles de Bourbon pour envoyer en Espagne, vers le détenteur du royaume de Naples, une députation chargée de lui offrir des présents et de lui demander une faveur. La revendication du petit duché de Sessa au pays napolitain, sur lequel Bourbon prétendait avoir des droits, était le but déclaré de cette mission conduite par le sieur de Lurcy. L'ambassadeur n'obtint pas le duché, mais emporta une bonne main de 100,000 livres pour son mandant (22 mars 1519)[1]. Trois mois après, Charles d'Autriche était élu empereur.

Est-il téméraire de voir dans cet échange d'amabilités si in-

[1] Lettres patentes à cette date, publiées par du Bouchet dans ses additions à l'*Histoire de Louis de Bourbon 1er, comte de Montpensier*, par Coustureau. Cf. Paulin Paris, t. II, p. 51.

tempestif le germe des idées et le début des démarches qui vont bientôt se manifester plus clairement ? Un témoin du procès criminel a déclaré : « Bien se peut que Lurcy commença dès lors à dresser quelques menées, car il fut souvent depuis envoyé en plusieurs lieux et mesmes en Allemagne [1]. » Toujours est-il que ces manœuvres suspectes se continuèrent. Le connétable eut des entrevues avec des émissaires de l'empereur.

Au commencement de 1521, la négociation avait fait des progrès. M° Popillon, chancelier du Bourbonnais, raconta dans la même enquête que se promenant un jour avec le connétable dans le grand jardin de Moulins, celui-ci lui avait parlé du bon traitement que lui faisait l'empereur et au cours de cette conversation familière lui avait dit : « Dieu doint bonne vie à ma femme, vous voyez qu'elle est de petite complexion, si elle se mouroit, il seroit bien aisé à moi de faire le mariage de moy à la sœur de l'empereur et luy mesme m'en a tenu quelque propos. » C'était l'été, certifie le témoin. Avant la mort de Suzanne, puisqu'il est question de sa santé. Donc au plus tard en 1521 [2] (et peut-être en 1520). Ce qui est également établi, c'est que le prévôt d'Utrecht (Philibert Naturelli), ambassadeur de Charles-Quint en France, « le roi étant lors à Dijon » (avril-juillet 1521), visita le connétable et lui parla dans le même sens [3]. C'est le 1er avril 1521 que Naturelli remit au roi à Dijon, de la part de Charles-Quint [4], une sorte d'ultimatum, à la suite duquel s'ouvrit la guerre que les conférences de Calais ne purent empêcher.

A cette époque déjà, François Ier, sans être complètement éclairé, redoutait quelque mauvais dessein de la part du conné-

[1] Déposition de messire Petitdé. Procès du connétable. Biblioth. nat. Mss. Fr. 5109, f° 74. Le témoin place le fait en 1521, mais la première ambassade de Lurcy est de 1519, comme il est établi par les lettres patentes de Charles, roi d'Espagne, datées de Valladolid, le 22 mars 1518 (vieux style).
[2] Procès du connétable, fol. 205. Cf. P. Paris, t. II, p. 60. — Il n'était pas question, alors, du mariage avec Éléonore, reine de Portugal, non encore veuve, mais avec Catherine, autre sœur de Charles-Quint. Saint-Vallier, dans son interrogatoire du 6 novembre 1523, confirme ces faits, l'ambassade préliminaire de Lurcy, puis les négociations du mariage en 1521. Guiffrey, *Procès criminel de Saint-Vallier*, p. 110.
[3] Déposition de Jacques Hurault, évêque d'Autun, procès du connétable, fol. 193. — Le témoin place le fait après la mort de Suzanne, c'est-à-dire en 1522, mais en 1522, les relations diplomatiques étaient rompues entre le roi et l'empereur, et d'autre part, François Ier n'a pas paru à Dijon en 1522. *Actes de François Ier*, t. I.
[4] *Journal de Barillon*, t. II, p. 180.

table. Il espérait le ramener, tout au moins le contenir par une étroite surveillance, par des avertissements comminatoires, et jusqu'au dernier moment, lorsqu'il ne pouvait plus douter de ses funestes projets, il tint cette même conduite. Il craignait tout de cet exalté et estimait qu'il était encore moins dangereux au dedans qu'au dehors. Il avait raison.

La guerre était ouverte. A l'automne, le roi organisa son armée. Il désigna le connétable pour commander le centre, où Sa Majesté elle-même devait combattre sous ses ordres [1]. Le connétable fut, dit-on, profondément blessé de ne pas commander l'avant-garde. En tout cas, ce n'est pas le fait qui l'inclina vers la trahison, puisqu'elle se tramait depuis longtemps. Et peut-être que la prudence conseillait à François Ier de ne pas trop éloigner le connétable du gros de l'armée et de sa personne.

Car ces louches négociations se continuaient et les soupçons allaient en se précisant. Dans cette campagne (fin 1521), lors de la prise d'Hesdin, le connétable traita avec une grande déférence une dame surprise dans la ville. Il acheta de ses deniers de la vaisselle d'argent pour remplacer celle qui lui avait été enlevée par les soldats. Cette dame était la mère du sieur de Beaurain, chambellan de l'Empereur, étroitement mêlé aux pourparlers du mariage. « Et dès lors, doubta le déposant (qui rappelle le fait) qu'il y eust quelques menées entre le connétable et ladite dame [2]. » Messire Petitdé ajoute que son esprit fut aussi mis en éveil par un voyage clandestin que le connétable fit en ce même temps en Lorraine, terre d'Empire, chez sa sœur, au moment même où le roi le mandait d'urgence à Paris [3].

Mais voilà qui est plus clair. Le chancelier Popillon, auquel le connétable avait fait ses confidences durant l'été de 1521 (ou 1520), raconta encore qu'au commencement de 1522 son maître lui parla une seconde fois du mariage (il s'agissait alors d'Éléonore), et qu'à cette même époque le seigneur de Longueval, de la maison de l'empereur, vint à Châtellerault, où il fut reçu avec grand honneur par le connétable et les dames de Bourbon, et

---

[1] Ferron le déclare ainsi, liv. V, fol. 124.
[2] Procès du connétable, fol. 74. Cf. P. Paris, t. II, p. 98. Michelet admet qu'à cette époque (automne 1521), la trahison était négociée (*Réforme*, p. 193).
[3] Procès du connétable. Renée de Bourbon, favorable aux vues ambitieuses de son frère, mariée au duc de Lorraine.

que les gentilshommes de Longueval disaient à ceux de Bourbon « que si la dame Suzanne se mouroit, l'Empereur avoit si grande affection à M. le connestable qu'ils croyoient que le mariage se feroit facilement du dict connestable et de la sœur de l'Empereur. Et la cause qui mouvoit d'un costé et d'autre de parler dudit mariage estoit parce que ladite dame Suzanne estoit de débile complexion [1]. »

Suzanne mourut le 28 avril 1522 [2]. Toutes ces manœuvres sont antérieures à sa mort prévue et attendue... Et, vraiment, ce n'est pas un si noble caractère, quoique si vanté, que ce prince qui épouse, pour se faire donner ses immenses biens, cette petite fille bossue dont la vie ne peut être longue, et qui n'attend pas qu'elle soit morte pour négocier un nouveau mariage !....

Entre cette date et celle de l'ouverture du procès, nous pourrions placer d'autres faits de même portée. Il nous semble que la démonstration est faite. Au moment où les Français se battaient avec les Impériaux en Picardie, en Espagne, en Italie, la promesse de la main de la sœur de l'empereur au connétable ne pouvait être que le prix de la trahison.

Ce n'est donc pas le procès qui en fut la cause, il ne s'ouvrira qu'au mois d'août, quatre mois après la mort de Suzanne. Ce n'est pas la disgrâce, elle est postérieure tout comme le procès. Quelles imaginations, quelles inventions pour expliquer, pour excuser ce grand forfait! L'amour de Louise de Savoie changé en haine est une absurdité insoutenable. Beaucaire lui-même, âme damnée des Bourbons, n'ose pas l'articuler. « Louise haïssait le connétable (dit-il); mais on ne sait pas pourquoi [3]. » Cet autre rapporte qu'il fut exaspéré parce qu'on lui refusa Renée de France pour épouse [4]. A quel moment? A la mort de

---

[1] Procès du connétable, fol. 205.
[2] Mignet (t. I, p. 375) fait mourir Suzanne au printemps de 1521. Henri Martin (t. VIII, p. 37) donne la date du 28 avril 1521. Par suite d'un examen trop superficiel, ils se trompent d'un an, et cette erreur influe gravement sur la portée des événements et leur appréciation. Cette erreur ne provient pas de la différence de comput. En 1522, Pâques tomba le 20 avril.
[3] « *Carolo Borbonio.... infensa erat Ludovica Sabaudiana ... quibus de causis non satis proditur* » (*Commentarii*, p. 528).
[4] On lit dans Michelet (*Réforme*, p. 189-192) : «..... La Savoyarde se crut déjà sa femme et lui mit au doigt son anneau. Cet anneau entraînait l'épée de connétable.... En 1518, naquit un dauphin, et alors, tournant le dos à la mère

Suzanne, Renée avait onze ans. On dit aussi que Louise de Savoie avait voulu lui imposer une union déplaisante avec sa sœur consanguine, veuve de Julien de Médicis ¹! De plus sensés ont signalé la différence tranchée des caractères : le roi, bon, généreux, loyal, expansif, tout de premier mouvement; le connétable, avec de belles qualités, mais d'humeur tout opposée, semblant protester par son attitude altière, ses mœurs graves, ses actes calculés, contre le naturel de son maître. Au temps de Louis XII, pour de mauvais propos que Bourbon avait tenus contre lui, le comte d'Angoulême était allé avec éclat lui porter le cartel dans son logis, près du Louvre. A un moment, il eût été le premier prince du sang, « la seconde personne de France ², » sans le comte d'Angoulême. Ils se haïssaient. L'état des affaires du connétable était très embarrassé, il affichait un luxe effréné, dépensait deux ou trois fois ses revenus. Il rêvait d'un cataclysme dans lequel il pourrait tout gagner, même un trône...., peut-être celui de France! Arnoul Ferron résume tous ces racontages sans choisir entre eux, mais quand il parle du conte du Flamand Van Baarland (amplifié par Macquereau) concernant l'amour et les idées matrimoniales de Louise de Savoie secondées par François Ier (quelle aberration de la part d'un fils et d'un roi!), il s'exprime ainsi : « D'où Baarland avait-il tiré cela? On l'ignore, mais jamais en France on n'avoit supposé rien de pareil. J'admire, en vérité, les étrangers qui ont pu croire de pareilles choses ³!.... » Malheureusement, la plupart des historiens français modernes ont donné plus de créance à la fable de Baarland qu'à la protestation de l'honnête Ferron. Au lieu de s'arrêter à ces vagues hypothèses, ne serait-il pas plus simple d'admettre qu'un homme enivré de sa puissance, fou d'ambition, impatient de toute supériorité et que le moindre mécontentement irritait jusqu'au paroxysme, se soit laissé dé-

---

du roi, il voulut Renée de France, fille du roi Louis XII ; il eût pu un jour ou l'autre écarter François Ier. » — En 1518, Bourbon était marié, il était père, car contre toutes les prévisions, Suzanne eut des enfants qui vécurent peu. Renée de France avait sept ans !.... Est-il besoin d'autre commentaire?

[1] Michelet, *Réforme*, p. 200 ; Beaucaire, p. 528 ; Ferron, fol. 171.

[2] Lorsque le duc d'Alençon se trouvait exclu de cette prérogative à cause de la conspiration de son aïeul, Louis XII rétablit Alençon dans ses droits. Bourbon protesta, refusa de céder son rang. Jacques Buonaparte rapporte que François Ier le nomma connétable pour l'apaiser. *Ubi supra*, p. 185.

[3] Ferron, p. 171 et suiv. P. Paris, t. II, p. 61.

voyer par des espérances et un avenir de grandeur qu'un prince astucieux faisait luire à son imagination ardente et mal équilibrée ?

Après la mort de Suzanne, les négociations furent plus actives. Dans l'été qui suivit, Des Cars-la Vauguyon, homme du connétable, mais capitaine des troupes royales, sortit de Thérouanne assiégé par les Impériaux pour aller porter au sieur de Beaurain les propositions de Bourbon. Sous la condition du mariage, celui-ci s'engageait à susciter une révolte générale en France au moment où les Anglais et les Flamands envahiraient le royaume sur divers points. Il demandait l'envoi de plénipotentiaires à Bourg-en-Bresse pour fixer le plan des opérations et signer le traité [1].

Un peu plus tard, le roi, le recevant au Louvre, essaya de l'arrêter sur la pente, lui parla des mauvais bruits qui couraient, l'interpella sur son projet de mariage. Bourbon nia effrontément. — « Je le sais (dit le roi), je connais vos pratiques avec l'empereur, je m'en souviendrai ! — Alors, c'est une menace (répliqua Bourbon). Je ne mérite pas un pareil traitement. » Et il sortit brusquement, dit M. Mignet, accompagné d'un grand nombre de gentilshommes pour lui faire cortège [2].

Il cherchait des adhérents, correspondait par chiffres avec l'empereur, fortifiait ses châteaux, préparait le coup de théâtre, tout en dissimulant ses démarches. Nous touchons au moment où René de Brosse vendait la seigneurie de Laigle aux Semblançay pour précéder le connétable en Italie.

Le roi et son conseil n'avaient plus de doute. Le conseil était d'avis de faire arrêter le connétable. Le roi hésitait devant un si grand scandale. Il se proposait de se rendre au mois de juillet en Italie, par Lyon, et comptait obliger Bourbon à le suivre,

---

[1] Procès du connétable, déposition de Pérot de Warty. Cf. Mignet, t. I, p. 385. Confirmation du fait dans *State Papers*, t. VI, part. V (1869).

[2] « Toute la noblesse le suivit, » dit Michelet. — On vit bien le nombre de ses adhérents lors du procès criminel : deux évêques brouillons, Saint-Vallier, de Brosses, des Cars-la Vauguyon (dont Michelet fait deux personnes). Le reste ne vaut pas l'honneur d'être nommé (V. Dareste, t. III, p. 524). — Voici ce que Macquereau fait de cette scène (nous résumons) : Le parlement donna raison à Bourbon. Dans une entrevue qui suivit, le roi s'emporta au point de vouloir souffleter le connétable. Celui-ci mit l'épée à la main. On les sépara. Le roi chassa le connétable de son service. C'est pourquoi celui-ci prit celui de l'empereur (chap. x, dans *Panthéon littéraire*, p. 114 et suiv.).

pour le garder près de sa personne et parer au danger devenu imminent. Les détails du complot venaient de lui être révélés. Deux gentilshommes de Normandie, d'Argouges et Matignon, que Lurcy voulait entraîner dans la conspiration, savaient tout et avaient tout raconté. Les conjurés se proposaient d'enlever le roi entre Moulins et Lyon, « de luy mettre un chaperon en gorge » et de l'enfermer au château de Chantelle (qui venait d'être fortifié pour l'entreprise). Certains, au nombre desquels Lurcy, opinaient pour que le roi fût tué avec ses enfants plutôt que de le faire prisonnier. Les troupes des confédérés se mettaient sur pied. Le roi d'Angleterre n'attendait qu'un signal pour descendre en France [1].

En effet, le 18 juillet, Beaurain était arrivé mystérieusement à Montbrison, nanti de pouvoirs pour conclure le mariage et l'alliance. Le contrat qui réglait la dot d'Éléonore portait en même temps que si l'empereur et son frère Ferdinand mouraient sans hoirs, elle succéderait à tous leurs royaumes et seigneuries. L'alliance était jurée entre l'empereur et le connétable envers et contre tous, sans nul excepter. Le roi d'Angleterre s'y associait. Le plan d'invasion était arrêté. Quarante mille Impériaux entreraient par le quartier de Narbonne, vingt mille Anglais par la Picardie. Marguerite d'Autriche, les Suisses, Venise fourniraient leur concours. Le connétable recevrait 200,000 livres par mois pour lever des troupes et se joindre aux envahisseurs. Le traité fut signé à deux exemplaires par Beaurain pour l'empereur, et par le connétable qui en jura l'exécution sur l'Évangile [2].

Singulière rencontre. C'est le grand sénéchal de Normandie, Louis de Brézé, gendre de Saint-Vallier, qui porta au roi les déclarations de d'Argouges et de Matignon. Il mettait ainsi en jeu, sans le soupçonner, la tête de son beau-père, principal complice du connétable, mais, en même temps, il la sauvait par le mérite de son action.

---

[1] La régente avait été également avertie par le capitaine La Clayette qui, quoiqu'au service du connétable, était dévoué au roi. Procès du connétable, fol. 97, 4, etc.
[2] Tous ces faits résultent tant des interrogatoires de Saint-Vallier et autres accusés que de la requête que présenta plus tard Saint-Vallier pour abolition de sa condamnation et restitution de ses biens.

François Ier, bravement, ne changea rien à ses résolutions. Il se dirigea sur Lyon, dans l'intention de s'arrêter à Moulins et de tenter un suprême effort auprès du connétable.

Ce fier et loyal Bourbon se mit au lit, joua la maladie. Le roi l'avait mandé plusieurs fois, il s'était toujours dérobé. François Ier parla à son sujet, à son parent, « à lui crever le cœur. » Il lui représenta qu'il connaissait depuis longtemps ses mauvais desseins, le supplia de le suivre en Italie pour combattre à ses côtés, l'assurant qu'il était prêt à lui rendre son amitié et sa confiance, à renoncer, ainsi que sa mère, aux avantages du procès et qu'il voulait le faire plus grand que jamais [1].

Bourbon continua de ruser, reconnut que l'empereur avait voulu le gagner, protesta de sa loyauté, promit que dès qu'il serait en état de voyager, il se rendrait à Lyon pour accompagner le roi en Italie.

Les conseillers de Sa Majesté voyaient clairement le mensonge, insistaient pour l'arrestation immédiate, déjà trop retardée, mais le roi, « estant prince humain, ne voulust, » écrit du Bellay [2]. Cette entrevue eut lieu le 12 ou le 13 août, l'arrêt de séquestre non encore rendu.

On connaît la suite de cette indigne comédie. De Lyon, le roi l'envoya chercher par deux fois. Il feignit la maladie mortelle jusqu'à l'agonie, puis ce mourant se mit en selle, déguisé en valet, son cheval ferré à rebours, erra plusieurs semaines, cherchant au midi, au nord, un passage pour échapper, déployant dans ces marches et contremarches autant d'énergie physique que de résolution. Le crime était consommé.

Sa tête fut mise à prix, tous ses biens furent confisqués, l'huis de son palais, à Paris, fut barbouillé de jaune en signe de flétrissure, par le peuple irrité. Son nom est associé pour jamais à la plus grande trahison mentionnée dans l'histoire. De cette inoubliable infamie quelle satisfaction retira-t-il ? Il connut un jour l'âcre plaisir de la vengeance. Il put voir son roi prisonnier, le sang français répandu par ses mains, huit mille

---

[1] Le fait est avéré par les interrogatoires des accusés et de nombreux témoignages. François Ier l'a lui-même attesté dans sa lettre du 1er novembre 1523 à Jean de Selve et aux conseillers instructeurs. (Procès criminel, fol. 4, 7 et *passim* ; P. Paris, t. II, p. 128.

[2] *Ubi supra*, p. 172.

morts, parmi lesquels ses plus vaillants frères d'armes, ses amis, ses parents, la Trémoille, Chabannes, Lescun, et, suprême joie, le cadavre de Bonnivet, son rival détesté !.... Entre Charles de Bourbon qui combattit sous un habit de simple cavalier pour n'être pas reconnu [1], qui s'acharnait au démembrement de sa patrie, du royaume de son aïeul saint Louis, et François Ier qui s'affichait avec sa cuirasse d'argent et ses panaches flottants [2], qui paraissait en roi et en héros, aussi superbe qu'à Marignan, la sympathie ouverte de certains historiens ne va pas du côté du roi. Bourbon ne fut pas un traître qui se vendit par ambition à Charles-Quint. Ce n'était qu'un rebelle poussé à bout par les plus injustes persécutions, un insurgé dont le crime politique mérite l'amnistie de l'histoire [3]. — Mais Bourbon a été jugé par Bayard, mourant au lit d'honneur, et par ce grand d'Espagne qui déclara à Charles-Quint que, par son ordre impérial, il le logerait en son château, mais qu'il livrerait ensuite aux flammes cette demeure souillée par la présence d'un traître [4].

Le procès civil se trouvait suspendu, le procès criminel fut engagé, et dans cette période nous pourrons apprécier mieux encore la conduite de ces magistrats asservis, ne connaissant d'autre code que la volonté du maître. La conduite du maître lui même y paraîtra.

D'Argouges et Matignon, mandés à Blois, renouvelèrent, le 8 septembre, leurs déclarations. En même temps étaient arrêtés

[1] Il avait donné sa troupe à mener à Pomperan, et lui « *con astucia may segura*, en habit de cavalier privé, combattit.... » Brantôme, *Vie de François Ier*.
[2] « ... Avec une cotte d'armes en toile d'argent, fort remarquable.... aisé à estre veu et très bien recogneu tant par là que par sa belle façon royale..., dispositions et grans panaches penchans sur sa salade et tout bas sur ses épaules. » Brantôme, *ibidem*.
[3] Voltaire et Michelet. *Essai sur les mœurs*, ch. CXXIII ; *Réforme*, ch. IX. D'autres après eux (Paillard, Documents, p. 317). L'opinion publique, dans la noblesse, la magistrature, le peuple, était en faveur de Bourbon. — Que dire d'un pareil jugement ?
[4] Sandoval et Cabrera, *Historia captivitatis Francisci I* (Milan, 1715), p. 143. L'opinion publique de la noblesse nous est donnée par Bayard et ce grand d'Espagne. Celle de la magistrature est traduite dans ses arrêts si sévères. L'indignation du peuple se manifesta à Paris et en divers lieux. A Marseille, il y eut émeute au sujet d'une demande de vivres faite par Bourbon, retournant en Espagne en octobre 1525. Le peuple ne permit pas « *que l'on donnasse rien.... a aquel traidor Borbon, loqual avia desolat toto França.* » Champollion, p. 341. — Il n'y a pas un historien français *contemporain* qui ait songé à défendre le traître.

les principaux complices du connétable : Saint-Vallier, l'évêque d'Autun, Aymar de Prie, des Cars et autres. Des commissaires furent d'abord nommés pour les interroger, mais dès le 11 septembre, le premier président de Paris et trois conseillers du parlement furent désignés pour l'instruction du procès contre le connétable et ses adhérents (Jean de Selve et les conseillers Salat, de Loynes et Papillon).

Ces magistrats accomplirent leur mission avec habileté, mais donnèrent des preuves constantes de leur impartialité et de leur humanité. Ils agirent avec une sage lenteur, notamment à raison de l'état de santé de Saint-Vallier, l'inculpé le plus compromis, qui se renfermait dans des dénégations absolues. Ils voulaient lui laisser le temps de guérir et de prendre un meilleur système de défense. Le roi morigéna plusieurs fois, même avec sévérité, ces juges instructeurs pour leur condescendance et fit mine de nommer deux autres commissaires pour activer la procédure. Des historiens, à la suite de Beaucaire, les ont accusés de servilité, d'autres ont vu dans leur conduite mesurée une secrète bienveillance envers le connétable et ses adhérents, presque une complicité. Une présomption n'est pas plus justifiée que l'autre [1].

Quand Saint-Vallier se résolut à parler, il demanda à être entendu par le premier président seul, qui lui inspirait toute confiance. Les fils de la conjuration furent alors déroulés dans de nombreux interrogatoires. Saint-Vallier se renferma néanmoins dans quelques réticences pour atténuer sa culpabilité et sauver plusieurs de ses amis.

L'instruction, en ce qui le concernait, touchait à sa fin. Le pre-

---

[1] Il est difficile d'accorder Beaucaire et Michelet, dont l'opinion est également tranchante. Le premier déclare que les magistrats qui connurent de l'affaire du connétable étaient de la bande de du Prat (*e sua cohorte...., ex his quod ipse in Senatum Parisiensem allegerat*), et prononcèrent une sentence dictée par lui (*qui addictis sententiis, quod jussi erant, pronunciarent*). Même formule, littéralement, que pour l'affaire Semblançay (*Commentarii*, p. 530 et 509). D'après le second, le parlement de Paris et même tous les parléments de France étaient favorables à Bourbon. « Toute la robe était liguée » en faveur du traître contre le roi. « Le roi ne put obtenir aucune justice, on ne lui accorda la condamnation de Saint-Vallier que sur la promesse qu'il ferait grâce sur l'échafaud » (*Réforme*, p. 217). — C'est de l'histoire qui, pour l'exactitude des faits, va de pair avec *Le roi s'amuse*. — Beaucaire n'a reculé devant aucune calomnie pour noircir François Ier, sa famille et ses serviteurs. Du Prat était, d'après lui, *bipedum omnium nequissimus*. La qualification peut être retournée contre cet évêque sycophante.

mier président en fit part au roi. Celui-ci montrait l'intention de remettre le jugement dans son ensemble aux quatre magistrats instructeurs. Jean de Selve fit ses représentations, se prononça nettement pour le renvoi au parlement. Il exposa des raisons d'équité et de sagesse politique plutôt que de droit. Dans le même esprit, les évêques inculpés avaient été renvoyés à la juridiction ecclésiastique. Cependant, François I{^{er}}, d'un ton un peu rude, reprochait aux magistrats leur « longueur et froideur ». Et, leur disait-il, « ne nous donnez pas à cognoistre que par pusillanimité vous voulez vous décharger dud. affaire. » Le roi estimait que Saint-Vallier devait être contraint, au besoin par la torture, à révéler les noms de tous les complices. Les magistrats répugnaient à user de ce moyen vis-à-vis d'un homme d'une santé ébranlée, et qui d'ailleurs avait déféré à leurs conseils en entrant dans la voie des aveux. Ils présentaient des objections, ils temporisaient.

L'instruction terminée, les instructeurs quittèrent Loches, où était détenu Saint-Vallier. Ils passèrent par Blois, où était la cour. Jean de Selve insista fermement pour que le procès fût renvoyé au parlement. Le roi se rendit. Le parlement fut saisi par lettres du 20 décembre.

Les prisonniers arrivèrent à la Conciergerie le 24 décembre. La cour procéda avec diligence. Dès le 16 janvier, l'arrêt était rendu. Saint-Vallier était condamné à la décapitation. Par *retentum* (partie secrète de l'arrêt), il était ordonné qu'il serait, avant son supplice, soumis à la question pour obtenir le nom de tous les complices.

Le roi avait pressé l'instruction, parce qu'il lui importait au plus haut degré de connaître tous les détails du complot ; il y allait de sa vie et de son royaume. Il ne pressa pas le jugement, encore moins l'exécution. Son caractère l'emportait, il penchait vers la clémence. Ces malheureux, tous comblés des bienfaits du roi, étaient de grands coupables, mais le plus grand de tous, celui qui les avait entraînés par son prestige, corrompus par sa munificence, ne pouvait être puni. Au mois de décembre, le parlement saisi, le roi avait prescrit au premier président de ne procéder à aucune exécution de peine sans son ordre exprès. Après l'arrêt, il renouvela la même prescription [1].

[1] Guiffrey, p. 151.

Le 15 février, le chancelier porta au parlement le mandement aux fins d'exécution. Les instructions concernant la « gehenne » tenaient toujours. Le *retentum* y avait déféré.

Mais Saint-Vallier n'était pas guéri, « souffroit de coliques et d'un devoyement d'estomach ». L'humanité des juges ne se démentit pas. Malgré l'insistance du chancelier, la cour décida que la question serait présentée au condamné (pour le déterminer par l'effroi), mais ne lui serait pas appliquée. Les « géhenneurs » entrèrent, il leur fut commandé « apprester et dresser leur affaire ». Saint-Vallier fut interrogé sous cette menace ; il ne dit rien de nouveau, «..... et la question appelée les brodequins lui a été monstrée qui ne luy fut appliquée aucunement, obstant la maladie [1]. » Ce simulacre accompli, il ne restait plus qu'à conduire le condamné à l'échafaud. Au moment de l'exécution, ce malheureux reçut sa grâce. Ce dénouement était prévu. Le roi, décidé à pardonner, avait néanmoins jugé nécessaire de terrifier par l'approche de la mort le condamné et ses complices et de frapper l'esprit public par ce spectacle de la juste sévérité des lois et de la force de la clémence royale. Nous ne nous attarderons pas à discuter une autre légende aussi mensongère qu'infâme. La grâce, comme l'indiquent les lettres patentes, fut accordée aux prières de Louis de Brézé, qui avait des droits à l'obtenir.

Le mardi 8 mars, le roi vint au palais tenir son lit de justice avec les pairs, les grands officiers et la « grosse compagnie » pour être statué sur le cas du connétable. L'avocat général Lizet dressa un énergique réquisitoire, conclut à ce qu'il fût déclaré « en aperte félonie et rébellion, vray transfugat, perduelle et crimineulx de lèze majesté, » en conséquence condamné à mort. Il demanda la réversion à la couronne de toutes les terres qui en émanaient et la confiscation de tous les autres biens. Subsidiairement, au cas où le bon plaisir du roi serait de procéder plus bénignement et par les formes ordinaires, il requit arrêt de prise de corps et d'ajournement personnel du contumace. Le roi opina le premier pour cette dernière mesure, suprême appel à résipiscence adressé au coupable. La cour suivit [2].

[1] Guiffrey, p. 133 et suiv.
[2] Godefroy, *Cérémonial français* aux lits de justice, t. II, p. 458.

Le lendemain 9 mars, fut tenu un second lit de justice pour le fait des complices. Le roi dit qu'il voulait entendre ce qui avait été délibéré au sujet des accusés des Cars, Popillon, de Prie, Brion et Eyguières.

Le premier président de Selve répondit par un discours étudié. Il expliqua avec les détails nécessaires que la culpabilité de des Cars et de Popillon n'avait pas paru suffisamment démontrée quant à présent et que leur cause restait pendante. En ce qui concernait de Prie, les charges étaient encore moins positives, et jusqu'à plus ample information il avait été mis en liberté provisoire sous la garde d'un huissier. Brion et Eyguières avaient été condamnés à faire amende honorable à Dieu, au roi et à justice, en chemise, à genoux, tête et pieds nus, et à trois ans de relégation dans un château fort. Le chancelier se leva alors et demanda : « Et de leurs biens, les avez-vous pas confisqués? — Non (répondit le premier président), car en termes de droit, en relégation n'y a point de confiscation. »

Le roi reprit la parole et témoigna quelque mécontentement de l'indulgence dont bénéficiaient ces deux condamnés. Sa sévérité était de parade. Finalement tous les condamnés furent graciés [1].

Peut-on voir dans toutes ces circonstances autre chose qu'un roi affectant la rigueur dans l'intérêt supérieur de la patrie afin d'obtenir les moyens de déjouer la plus dangereuse des entreprises, mais enclin à l'indulgence, disposé à absoudre, à oublier le plus grand des crimes pourvu que les funestes conséquences en soient éloignées, et des magistrats animés des mêmes sentiments équitables, modérés, stricts observateurs des lois? L'ignorance ou la passion peuvent seules soutenir le contraire.

La poursuite contre le principal coupable restait en suspens. La trahison produisit ses fruits. Ce n'est qu'au retour de sa

---

[1] Godefroy, *ubi supra*, p. 462. Encore une preuve de l'influence qu'exerce sur le discernement une idée préconçue. Michelet (*Réforme*, p. 279) écrit sérieusement : « Pour marier, titrer sa maîtresse (Anne de Pisseleu), François Ier eut peu à chercher. Ce La Brosse ou Penthièvre, qui avait suivi Bourbon et rentrait gracié, fut trop heureux de cet excès d'honneur. Il épousa, partit, vécut seul en Bretagne.... » C'est la contre-partie de la grâce de Saint-Vallier ! — Mais René de Brosse-Penthièvre était mort à la bataille de Pavie en 1525 et aurait eu près de soixante-dix ans en 1536, lorsque Jean de Brosse épousa Anne de Pisseleu, faite ensuite duchesse d'Étampes.

captivité en 1527, que le roi tint un nouveau lit de justice pour assister à la lecture des arrêts de défaut donnés contre Bourbon et prononçant la confiscation de tous ses biens [1].

Mais ce misérable était mort le 6 mai précédent, à l'assaut de Rome, à la fleur de l'âge, chargé de déceptions et d'amertumes. Il n'avait pas épousé la sœur de l'empereur, il n'avait pas obtenu le duché de Milan [2], ni même le petit duché de Sessa ; maudit par la France et l'Italie, honni par l'Espagne, il avait été exploité, joué et finalement, après une mort sans gloire, renié par Charles-Quint [3].

III.

La guerre que les conférences de Calais n'avaient pu empêcher fut fatale à François Ier. Fait prisonnier à Pavie le 24 février 1525, il ne put recouvrer sa liberté, après plus d'un an de captivité, que par le traité de Madrid, dont il n'était ni dans son pouvoir ni dans sa volonté d'exécuter toutes les conditions.

Jean de Selve fut le principal négociateur de ce traité et ne fut pas étranger aux résolutions qui le suivirent. Ambassadeur à Madrid, premier président au parlement de Paris, une part de responsabilité lui revient dans ces grands événements.

François Ier manqua à sa parole. C'est un fait. Son appréciation morale a rapport à la conscience, non à la discussion. On ne démontre pas que l'honneur est en un point ou qu'il n'y est pas. Chacun décide cela dans son for. François Ier, ne pouvant remplir les obligations du traité, était-il tenu de venir se remettre entre les mains de son ennemi? « Pour moi (dit Pufendorf), je ne décide rien là-dessus [4].... » Et la conduite de François Ier ne doit pas être jugée en soi, dans l'absolu, mais relativement. Elle a été déterminée par des causes concurrentes, subjectives, objectives, c'est une résultante, pour employer un mot technique. La conduite de Charles-Quint fut un des facteurs de l'action.

Les apologistes de l'empereur l'ont si bien compris qu'ils ne

---

[1] Godefroy, p. 477.
[2] Qui lui avait été promis lorsque la reine Éléonore fut accordée à François Ier.
[3] Après le sac de Rome et la mort de Bourbon, Charles-Quint écrivit à tous les princes ses alliés pour leur notifier qu'il n'avait eu aucune connaissance des intentions de Bourbon. Robertson, *Hist. de Charles-Quint*, t. II, p. 400 (éd. Suard).
[4] *Le droit de la nature et des gens*, t. II, p. 447 (éd. de 1771).

s'attachent pas tant à charger François Ier de blâme qu'à disculper Charles-Quint des reproches qu'il a encourus. Dès le début de la dissertation qu'il a présentée sur ce sujet à l'Académie royale de Belgique, dont il était le président, M. Gachard s'écrie : « N'a-t-on pas avancé par exemple que Charles de Lanoy (le vice-roi de Naples auquel se rendit François Ier) usa d'artifice pour déterminer le roi de France à se laisser conduire en Espagne? N'a-t-on pas reproché à Charles-Quint de s'être éloigné tout exprès de Madrid pour ne pas s'y rencontrer avec le prince que le sort des armes avait fait tomber en son pouvoir? Ne l'a-t-on pas accusé non seulement d'avoir manqué des égards dus au malheur et au rang de son prisonnier, mais encore de l'avoir soumis à toute sorte de mauvais traitements? N'a-t-on pas été jusqu'à prétendre qu'il voulait faire arrêter la duchesse d'Alençon, qui avait traversé les Pyrénées pour venir consoler son royal frère et moyenner un accommodement entre les maisons d'Autriche et de Valois 1? »

On a, en effet, avancé tout cela et même on a accentué davantage les accusations de cruauté et de fourberie contre Charles-Quint. Et s'il suffisait d'établir ces imputations d'une manière irréfragable pour « peindre des couleurs les plus défavorables les sentiments et les actions de l'empereur et faire mieux ressortir la noblesse d'âme et la générosité du roi de France, » ainsi que dit M. Gachard, les défenseurs de François Ier, accusateurs de Charles-Quint, auraient aisément cause gagnée. La dissertation du savant belge répondait à la défense présentée par M. Rey, dans son *Histoire de la captivité de François Ier* 2. Le débat n'est pas clos et les progrès de l'information historique permettent une réplique.

François Ier fut, après la bataille, conduit au château de Pizzighetone, entre Lodi et Crémone, et placé sous la garde du capitaine Alarcon. Celui-ci lui témoignait les égards convenables, mais le surveillait très rigoureusement 3 et le laissait dans une grande pénurie d'argent et autres nécessités. Le fait est avéré, une preuve suffit. Durant son internement à Pizzighetone, le roi

---

1 *La captivité de François Ier et le traité de Madrid*, p. 6 (Bruxelles, 1860).
2 *Histoire de la captivité de François Ier* (Paris, 1837).
3 Mignet, *ubi supra*, t. II, p. 91.

de France en fut réduit à emprunter une somme de 108 écus soleil (221 livres tournois) au secrétaire de Lanoy, son véritable geôlier [1]. A la même époque, il faisait demander à sa mère un peu d'argent et quelque vaisselle, « car nous en avons besoin [2]. » La vaisselle du roi avait été confisquée comme butin, on lui avait même enlevé une partie de ses vêtements de corps [3]. Le roi manquait de tout, dit Champollion [4]. La situation des autres prisonniers était semblable, ils restaient dans un véritable dénuement [5].

François Ier était cependant plein de confiance dans la générosité, tout au moins dans la modération de son vainqueur. Cette bataille perdue au delà des frontières laissait la France intacte, elle n'avait plus les mêmes ressources pour l'offensive, mais au point de vue de sa défense, elle gardait ses forces. « Le roi est prisonnier, mais la France est libre », devait dire avec fermeté Louise de Savoie. Charles-Quint ne songeait pas à une invasion, il était sans argent et avait d'autres ennemis que le roi de France. A vrai dire, toute la péninsule était contre lui. Le roi, quoique bien gardé, pouvait nourrir l'espoir d'être délivré par la force ou par la ruse. Dans ces circonstances, le prisonnier avait lieu de croire que le vainqueur ne fonderait pas sur un succès si imprévu des prétentions exorbitantes.

Le seigneur de Beaurain, chambellan de l'empereur, apporta bientôt au roi les « compliments » de son maître. C'est ainsi que M. Gachard qualifie les propositions formulées par Charles-Quint. Elles étaient plus que déraisonnables, dictées par une folle ambition. Dans le protocole remis à ses envoyés il osait répéter, comme il l'avait fait dire à Calais, qu'il serait en droit de réclamer l'entier royaume de France, mais pour montrer son désir de paix et de conciliation, il réduisait sa demande à des objets qui ne devaient souffrir aucune difficulté.

La France démembrée, déchiquetée, réduite à des lambeaux :

---

[1] L'acte de remboursement de cette somme, du 12 juin 1526, est transcrit dans le recueil de Champollion : *Captivité de François Ier*, p. 130 (Paris, 1847).
[2] Champollion, *Captivité*, p. 138. Lettre de La Barre, 4 mars 1525.
[3] Sandoval et Cabrera, *ubi supra*, p. 75.
[4] Champollion, introduction, p. xxiii.
[5] *Ibidem*, p. 136. Lettre du comte de Saint-Paul au maréchal de Montmorency.

« Premier, la duché de Bourgogne, avec ses appartenances et les levées depuis la mort du duc Charles ; item, les comtés de Vermandois et de Boulongne, la rivière de Somme et le ressort de Flandres à perpétuité; item, de par Espagne, qu'il renonce à la Provence et à la duché de Milan avec la pension de Naples; item, qu'il rende au roy d'Angleterre la duché de Normandie, de Guyenne et de Gascogne avec les levées [1]. » La Provence et l'entier héritage des Bourbons, Auvergne, Bourbonnais, etc., devaient être érigés en royaume indépendant en faveur du connétable. Devant de telles exigences, François Ier fut pris d'un mouvement de désespoir et, se jetant sur une épée, s'écria : « Mieux vaudroit pour un roi mourir ainsi [2]. » Ramené au calme, il protesta avec énergie devant les représentants de Charles-Quint (Beaurain, Lanoy, Pescaire, Alarcon, Moncade, etc.), déclarant qu'il finirait sa vie en prison plutôt que d'abandonner une partie quelconque de son royaume, ce qui n'était pas dans son droit, et qu'au cas où il y serait contraint par l'empereur, « ecla seroit et demoureroit de nul effet, ains luy, ayant recouvré sa liberté, il tascheroit de recouvrer les droits de sa couronne, comme raison le veult [3] ».

Lanoy vit bien qu'il était inutile d'insister. Les nouvelles venues de France annonçaient aussi une résistance déterminée de la part des corps de l'État et de la province de Bourgogne elle-même. Garder le roi dans cette petite ville était plus qu'imprudent. Les Italiens affichaient des sympathies envers le prisonnier. Des intrigues se tramaient contre l'empereur. Plusieurs conspirations pour faire évader le roi avaient été découvertes [4]. D'autre part, Lanoy, Pescaire, Bourbon se jalousaient, chacun convoitant la meilleure part dans les avantages de la victoire:

---

[1] *Papiers d'État du cardinal de Granvelle* (Paris, 1841), t. I, p. 265. En gros, mais les réclamations sont encore plus étendues dans les instructions aux ambassadeurs du 25 mars 1525 (Champollion, p. 149).

[2] Herbert de Cherbury, *Vie de Henri VIII*; Rapin Thoyras, *Hist. d'Angleterre*, t. VI, p. 206, éd. de 1749 ; Sandoval, p. 90. — « Plus tost mourir en prison que ce faire, » d'après Granvelle, t. I, p. 265.

[3] Champollion, p. 473. Et cette déclaration fut dix fois renouvelée par le prisonnier. V. Robertson, *Hist. de Charles-Quint*, éd. Suard, t. II, p. 332 ; du Bellay, Ferron, Ferréras, etc.

[4] Le comte de Saint-Pol, échappé de sa prison, le comte de Vaudemont, le marquis de Saluces, pratiquaient avec des capitaines italiens, pour délivrer le roi. Du Bellay, *ubi supra*, p. 200.

Lanoy, le plus rusé de tous, manœuvra à son profit. Le déplacement du roi jugé prudent, le conseil décida son transfert dans le sud de l'Italie. La route par terre n'étant pas sûre pour la garde, il serait conduit à Gênes, puis à Naples, par mer. François Ier eut un grand déplaisir de cette résolution qui l'éloignait de ses amis et l'isolait. Il songea néanmoins à en profiter. Il écrivit secrètement à sa mère, lui suggérant à mots couverts l'idée d'un enlèvement pendant la traversée [1]. Les galères françaises étaient en force dans la Méditerranée. Mais ce n'était qu'une feinte, ourdie par Lanoy contre ses rivaux et contre le prisonnier. Son dessein, qui reçut l'assentiment de l'empereur, était de conduire le roi en Espagne, quoiqu'il eût été juré qu'il ne sortirait pas de l'Italie. Mais il fallait amener le roi à consentir à ce transfert, à le demander lui-même. La flotte française qui pouvait capturer les navires espagnols sur le parcours de Gênes à Naples le pouvait encore plus aisément sur la route plus longue de Gênes à Barcelone. Arrivé à Gênes vers la fin de mai [2], le roi fut retenu de longs jours dans le port, où Lanoy attendait les ordres de son maître [3]. Déjà abattu par trois mois de dure captivité, fatigué de cette station prolongée en mer, effrayé surtout de la perspective d'un internement au fond de l'Italie, il devait accueillir avec confiance la proposition de traiter directement avec l'empereur et l'espoir d'en obtenir dans une entrevue personnelle, par de franches explications, des conditions plus honorables. Lanoy sut aussi flatter ses faiblesses, sa galanterie, son amour-propre. Il fit luire à ses yeux une combinaison qui pouvait aplanir bien des difficultés. La sœur de l'empereur, la reine Éléonore, était promise à Bourbon, mais si le roi se montrait, se proposait, ne serait-il pas préféré, et l'empereur n'aurait-il pas la main forcée en faveur de son futur beau-frère par la future reine de France ?

La manœuvre de Lanoy réussit. Le roi consentit, demanda même, contre l'avis de sa mère et de ses amis, à être conduit en Espagne, donna l'ordre à sa flotte de désarmer et livra ses pro-

[1] Lettre datée de Pizzighetone, du 12 mai 1525. Champollion, p. 180.
[2] Il avait quitté Pizzighetone le 18 mai. Champollion, p. 183.
[3] Le 28 mai, il avise l'empereur qu'il embarque le prisonnier, et le 10 juin il lui écrit : « Je vous prie de me commander où il vous plaît avoir le roi ou s'il vous plaît que le laisse à quelques lieues près la mer. » Lanz, *Correspondenz des Kaiser Karl V*, t. I, p. 164.

pres galères pour assurer la traversée. Il était en route vers Naples lorsque les galères françaises l'ayant rejoint, on lui fit rebrousser chemin vers l'Espagne (10 juin) [1]. Bourbon et Pescaire furent furieux d'être ainsi joués.

Cependant, en France, la régente ne se laissait pas accabler par la douleur maternelle, déployait autant d'énergie que d'habileté, se montrait vraie femme de vertu, dit du Bellay [2]. La noblesse, le clergé, le parlement, le peuple furent unanimes dans la pitié et le dévouement envers le roi, prêts à tous les sacrifices pour ménager sa délivrance. Le parlement de Rouen se mit en état d'union avec celui de Paris, lui envoya des délégués. Jean de Selve leur répondit en séance, le 17 mars, les assurant que la compagnie veillait à la conservation du royaume et spécialement de la capitale, et que depuis la fatale nouvelle, en même temps qu'un conseil de défense siégeait en permanence à la chambre du conseil, ses collègues et lui faisaient à tour de rôle le guet aux portes, montaient la garde sur les remparts et entretenaient par leur exemple le zèle des citoyens [3]. Le 26 mars, la régente écrivit de Saint-Just aux magistrats pour les féliciter de leur loyale et ferme attitude [4].

En même temps, Montmorency le jeune, délivré de captivité

---

[1] Champollion, p. 214. Malgré l'opinion de M. Gachard et même celle de M. Mignet, il ne peut exister aucun doute sur l'intrigue de Lanoy. Le 28 mai il écrit à l'empereur qu'il a « embarqué le sgr roy pour faire le voyage » (Lanz, t. I, p. 164). Et le 8 juin il est encore à Gênes, d'où il mande au roi d'Angleterre qu'à raison de l'insalubrité du climat de Naples il a « choisi le chemin d'Espagne pour présenter led. sgr roy à l'empereur pour en faire à son plaisir » (Ibidem, p. 210). Puis il prend la route de Naples, « au grand regret du roi, » et deux jours après rebrousse chemin vers l'Espagne (Ibidem, p. 214). — Ces louches manœuvres firent même croire en France que le roi avait été transporté en Espagne par supercherie et contre son gré. (Voir le mémoire de Sébastien Moreau, dans les *Archives curieuses de l'histoire de France*, t II, p. 251 ; et sur la conduite équivoque de Lanoy, voir Ferron, fol. 200; Sleidan, *Hist. de la réformation*, t. I, p. 177 ; du Bellay, p. 201 ; Paul Jove, trad. Sauvage, t. II, p. 10 ; et les Espagnols Sandoval et Cabrera, *ubi supra*, p. 119). François Ier lui-même, en lit de justice, s'expliqua sur les artifices employés pour le déterminer à aller vers l'empereur, mais il croyait que Bourbon en était l'inspirateur. Godefroy, *Cérémonial*, t. II, p. 484.

[2] *Ubi supra*, p. 199. — Elle avait « l'étoffe d'un homme d'État, » dit M. Jacqueton dans son ouvrage très étudié, réaction courageuse contre un préjugé : *La politique extérieure de Louise de Savoie* (p. 9), et il le prouve surabondamment. Elle rétablit une situation quasi désespérée. C'est dans notre histoire, à part Blanche de Castille, la seule régente qui ait fait preuve d'habileté, de sagesse, de patriotisme, et c'est la plus vilipendée.

[3] Champollion, p. 140, 185.

[4] *Ibidem*, p. 145.

moyennant rançon, apporta au parlement les nouvelles et les recommandations du roi qu'il venait de quitter. Jean de Selve le harangua dans un très noble langage, le chargea de garantir à Sa Majesté la fidélité, le dévouement et la vigilance des cours souveraines. Digne réponse aux sentiments si élevés dont le roi, du fond de sa prison, venait, dans une admirable lettre, d'envoyer l'expression aux grands corps du royaume [1].

Si le premier président fût resté à la tête de sa compagnie, il est plus que probable que les quelques dissentiments qui s'élevèrent peu de temps après, si intempestivement, entre les magistrats et la régente (ou plus exactement le chancelier) ne se seraient pas produits, mais dès le mois de mai, il fut envoyé près de Madame à Lyon, comme député de la cour, et il devait rester absent près d'une année. Du reste, il se trouva ainsi l'intermédiaire entre le parlement et la régente et empêcha les difficultés de s'envenimer davantage.

Dès le 28 avril, la régente avait dépéché un ambassadeur pour essayer d'obtenir de l'empereur des conditions plus raisonnables. C'était François de Tournon, archevêque d'Embrun. Les concessions qu'il était chargé de faire auraient dû contenter l'avidité de Charles-Quint. Abandon de tous les droits du roi de France sur l'Italie, des villes et seigneuries d'Hesdin, de Tournay, de la suzeraineté des Flandres et de l'Artois et une alliance scellée par le mariage du duc d'Orléans, fils du roi, avec la fille de la reine Éléonore. Bientôt après, on y ajoutait la proposition du mariage du roi avec Éléonore, de l'empereur avec la duchesse d'Alençon, et de Bourbon avec Renée de France [2].

Philippe Chabot, seigneur de Bryon, fut ensuite adjoint à l'archevêque d'Embrun, mais l'ambassade ne prit corps que lorsque Jean de Selve fut désigné pour en faire partie. Il devait y prendre le principal rôle, porter tout le poids des négociations [3]. Il reçut les instructions de la régente, à Lyon, le 6 juin. Les questions en jeu étaient des questions de droit, et le chancelier de l'empereur, avec lequel elles devaient être traitées, était un

---

[1] Champollion, p. 159. Lettre aux grands du royaume et aux compagnies souveraines.
[2] *Ibidem*, p. 104-107.
[3] Wicquefort, *L'ambassadeur et ses fonctions*, p. 47 (éd. de 1715).

juriste, ancien premier président. Le choix de Jean de Selve s'imposait.

Il partit de Lyon vers le milieu de juin, au même temps où le roi s'approchait de Barcelone. Arrivé en Espagne, il fit un détour vers Valence pour voir le roi à son passage et conférer avec lui [1]. Il trouva le prisonnier ennuyé, fatigué par ce long voyage, mais plein d'espoir dans le résultat de sa prochaine entrevue avec Charles-Quint. Ses instructions reçues, l'ambassadeur se remit en chemin pour Tolède, où il arriva le samedi 15 juillet. Il fut reçu avec honneur, aux portes de la ville, par des dignitaires, envoyés de l'empereur, qui lui fit dire le même jour qu'il donnerait audience aux ambassadeurs français le surlendemain, et qu'elle serait publique ou privée, à leur choix.

Le lundi, en effet, il les envoya querir par les mêmes hauts personnages avec grosse compagnie pour être conduits à son palais. Les pouvoirs vérifiés et la réception officielle terminée, l'empereur fit retirer l'assistance, excepté ses conseillers intimes Lanoy, Moncade, Beaurain.... Le chancelier, Mercurin de Gattinara, n'assistait pas à cette première réunion.

Le premier président prit la parole, fit un long discours (une heure entière) pour disposer favorablement l'empereur et poser les principes qui devaient être respectés dans les traités à intervenir. La harangue fut très pompeuse, à la mode du temps. Les considérations, les exemples tirés des saintes Écritures, des histoires d'Égypte, de la Grèce et de Rome, la généalogie établissant la parenté, les droits successoraux, le droit politique, le droit des gens, furent discutés avec ampleur. Le bien de la paix, l'immense avantage qui découlerait pour la chrétienté d'une sincère amitié entre les deux monarques, fut démontré avec force. Après ces remontrances générales, l'orateur discuta sommairement les propositions de l'empereur, se déclara prêt à un accommodement si elles devenaient plus raisonnables, offrit une rançon et une alliance perpétuelle en attendant la venue de la duchesse d'Alençon qui apportait tous pouvoirs pour conclure [2].

[1] Le Glay, *Négociations entre la France et l'Autriche*, t. II, p. 607.
[2] Le texte de ce discours existe dans plusieurs manuscrits de la Bibliothèque nationale. Voir notamment : Fonds franç., 3916, 6, Oraison faite en Espagne à Charles V par Jean de Selve. Toutes ces harangues et discussions du premier président sont des modèles, suivant la rhétorique du temps. Sismondi en fait un grand éloge. *Hist. des Français*, t. XVI, p. 257, éd. de 1833.

L'empereur répondit qu'il ne voulait pas de rançon, qu'il désirait la paix et l'alliance. Quant aux « querelles, » c'est-à-dire ses demandes, « pour ce qu'il n'est pas pour entendre les droits, » il renvoya les ambassadeurs aux gens de son conseil [1].

Une première entrevue avec le chancelier se borna à un échange de propos gracieux. Gattinara se dit très joyeux d'avoir à traiter avec le premier président, qu'il avait connu à Calais. Les ambassadeurs eurent ensuite une audience de la reine de Portugal, qui leur fit un accueil des plus sympathiques, très significatif.

Le roi n'approchait pas. Depuis qu'il avait touché la terre d'Espagne, l'empereur semblait ne chercher qu'à éloigner cette entrevue dont la promesse formelle avait seule décidé le roi à quitter l'Italie. On le traînait de ville en ville, de prison en prison, comme un détenu de droit commun. A Barcelone, il y avait eu arrêt pour attendre les ordres de l'empereur. Il n'en partit que le 22 juin. Au lieu d'être transféré à Madrid par Saragosse, il fut dirigé par mer sur Tarragone et Valence. A Tarragone, les soldats qui étaient de l'armement des galères se mutinèrent parce que leur solde n'était pas payée. La sédition eut de la gravité. Des coups de feu furent tirés contre Lanoy, qui était dans la chambre du roi et près de lui à la fenêtre. L'arquebusade cribla une colonne de marbre à laquelle était appuyé François Ier. Lanoy se sauva sur les toits et on apaisa les soldats par quelque argent. Le prisonnier pouvait à ce moment suborner ces matelots, se faire ramener en France par ses galères. « C'estoit un bon coup, cestuy-la, » dit Brantôme [2]. Mais le vaincu croyait encore à la bienveillance de son vainqueur.

A Valence, nouvel arrêt. L'empereur voulait que le roi, sans avancer davantage, fût retenu dans la prison d'État de Jativa, forteresse inaccessible entourée d'un double fossé et de trente tours. Le vice-roi prit sur lui de choisir un château fort moins rébarbatif, Ben zano, dans la montagne des Morisques. Puis il alla trouver l'empereur à Tolède [3].

---

[1] Champollion, p. 258-259.
[2] Du Bellay, *ubi supra*, p. 201. Brantôme, art. Lanoy, dans les capitaines étrangers. Il place la scène à Alicante, mais il ne paraît pas que le roi ait été conduit jusque dans cette ville.
[3] Guichardin, t. III, p. 126 ; Mignet, t. II, p. 111.

François Ier, de son côté, députa Montmorency pour demander trois choses à Charles-Quint : une prochaine entrevue pour s'expliquer, une trêve pour la liberté des négociations, un sauf-conduit pour la duchesse d'Alençon, dont la présence seconderait la prompte conclusion d'un accord. Lanoy décida son maître à concéder la trêve et le sauf-conduit. L'entrevue resta en suspens et le vice-roi reçut l'ordre de n'avancer qu'à petites journées vers Madrid. On séjourna à Benizano jusqu'au 20 juillet, on mit ensuite quatre semaines pour franchir les soixante lieues qui séparent Valence de Madrid [1]. Ce transfert de Pizzighetone à Madrid, qui ne dura pas moins de quatre mois, avec des incidents divers, démontre suffisamment que le roi catholique rendit les égards qui lui étaient dus au roi très chrétien, son parent, son ancien allié, dont il avait juré d'épouser la fille ! Nous serons encore mieux édifiés tout à l'heure.

Les conférences s'ouvrirent officiellement à Tolède le 20 juillet. Jean de Selve et Gattinara soutinrent seuls pour ainsi dire la discussion. Le premier président présenta d'abord des considérations générales sur le caractère excessif des propositions de l'empereur, qui fermaient la voie à la conciliation. La question de Bourgogne était au fond la seule difficulté sérieuse. Gattinara repartit que l'empereur pourrait raisonnablement demander le Languedoc, le Dauphiné.... et même tout le royaume de France. Il se réduisait, par désir de paix, à la Bourgogne et ses dépendances, qui étaient de son hoirie directe. Cette thèse fut longuement développée.

Jean de Selve répondit et traita la matière avec une érudition consommée au point de vue historique et juridique. Il observa qu'il ne convenait ni à l'honneur ni à la magnanimité de l'empereur de contraindre le roi par longue détention et rigueur de prison à livrer le duché de Bourgogne, ce qui n'était pas en son pouvoir. L'empereur, soi-disant duc de Bourgogne, est par conséquent vassal de la couronne de France. Entre le vassal et le suzerain, il y a des juges. Que l'empereur porte la question devant la cour des pairs de France. Le roi se soumet à leur décision et tiendra prison jusqu'au jugement. De même pour le

---

[1] François Ier arriva à Madrid le 15 août (Champollion, p. xlv, 300). Le transfert de Gênes à Madrid dura deux mois et demi.

duché de Milan, auquel le roi prétend avoir droit, il acceptera la décision des pairs de l'Empire. Les prétentions de l'empereur furent d'ailleurs discutées à fond et tous les avantages d'un accord amiable furent démontrés. Mais tous ces raisonnements n'aboutissaient qu'à cet ultimatum : la Bourgogne sera remise entre les mains de l'empereur, comme son bien patrimonial, avant d'en venir à aucun traité. Et l'outrecuidant chancelier déclarait qu'en dehors de ce préalable toute discussion était oiseuse et que la venue de Madame d'Alençon était frustratoire et de nul profit [1]. D'après lui, l'empereur devait obtenir la remise de la Bourgogne avant même de permettre au roi d'approcher de sa personne.

Les conférences se poursuivirent durant les mois de juillet et d'août. Entre temps, Bourbon, que l'empereur appelait son beau-frère [2], fit présenter sa demande tout aussi déraisonnable : la création en sa faveur d'un royaume indépendant en plein cœur de la France, plus 200,000 écus d'indemnité et frais « pour son parlement de France » et de larges réparations et récompenses pour ses compagnons, c'est-à-dire ses complices [3]. Il fut aussi question des satisfactions dues au roi d'Angleterre. Mais sur ces articles tout aussi exorbitants, Gattinara était moins absolu et moins tranchant. Tout cela était débattu sans utilité, sans faire un seul pas vers une solution. Jean de Selve répondit à tous les arguments du chancelier. Il y eut réplique par celui-ci, duplique par le premier président, triplique du chancelier à laquelle les Français n'eurent pas le droit de répondre. Les négociations furent suspendues.

Cependant le roi était arrivé à Madrid (vers le 15 août). Au lieu d'être mis en rapport avec Charles-Quint, comme il avait été stipulé, il fut aussitôt enfermé dans une dure prison ; d'abord dans la tour fortifiée de los Luzanos, bientôt après dans les combles de l'Alcazar, « petite horrible cage avec une seule porte, une seule fenêtre à double grille de fer scellée de quatre côtés. » La fenêtre est percée très haut, sous le plafond, et donne sur un abîme de cent pieds bordé par le Mançanarez.... Deux bataillons

---

[1] Champollion, p. 277. Conférences de Tolède.
[2] *Papiers de Granvelle*, t. I, p. 263. Lettre de Charles-Quint à Louise de Savoie.
[3] Champollion, p. 284. Demandes du duc de Bourbon.

de soldats font nuit et jour la garde au pied de ce donjon [1].

Le prisonnier put néanmoins entretenir ses ambassadeurs, qui n'avaient obtenu la moindre concession de la part de l'empereur, pas même la promesse d'une prochaine visite. Le roi comprit qu'il avait été abusé, trompé par les machinations combinées de Lanoy et de son maître. On voulait obtenir de lui, par une humiliation prolongée et toutes les souffrances morales, ce qu'il ne pouvait donner. — Et ce qu'on n'a pas assez remarqué, c'est qu'au lendemain même de son arrivée à Madrid, après le rapport des envoyés de la régente, il renouvela solennellement, en la forme authentique, sa protestation contre les concessions que la contrainte pourrait lui arracher.

Par-devant Gilbert Bayard, son notaire, le 16 août, en présence de MM. l'archevêque d'Embrun, le seigneur de Bryon et le bailli de Paris, le roi déclara qu'au cas où il serait contraint par détention et longueur de prison de délaisser le duché de Bourgogne ou autres droits de la couronne de France au profit de l'empereur, « cela sera et demourera de nul effet et valeur comme fait par force et contraint, » ainsi qu'il l'a déjà déclaré dans sa prison de Pizzighetone. Il en sera de même de tout écrit ou serment qu'on lui ferait faire contre son honneur ou le bien de la couronne. L'acte signé du roi et des témoins susnommés devait être notifié au premier président, qui n'y assistait pas [2].

Le fait est assez éloquent. Il montre l'état d'esprit du prisonnier et quelle impression il ressentait de ce transfert de prison en prison depuis six mois, du traitement qu'il avait reçu, de la réception qui lui était faite à Madrid.

Pendant ce temps, les affaires ne prenaient pas une bonne physionomie pour Charles-Quint. L'opinion générale se tournait contre lui. Un traité de paix, amitié et alliance était conclu entre la régente et le roi d'Angleterre (30 août) [3]. Une confédération formidable se tramait en Italie, et sans la traîtreuse défection de

---

[1] Michelet, *Réforme*, p. 251. Cette description est empruntée au duc de Saint-Simon, qui avait visité cet affreux cachot. Mémoires de Saint-Simon, t. XII, ch. xv, éd. Hachette.
[2] Champollion, p. 300-303.
[3] *Ibidem*, p. 305. Voir recueil de Léonard, t. II, p. 198.

Pescaire, elle eût très probablement amené l'entière ruine de la domination impériale au delà des monts. Mais Pescaire, en s'en retirant, pour dénoncer ses complices à l'empereur, l'avait exhorté, s'il ne voulait pas mettre ses affaires sans remède, à s'arranger promptement avec le roi de France dans des conditions modérées et sans exiger la Bourgogne.

François Ier, si bien traité d'après les apologistes de Charles-Quint, n'avait pas résisté à toutes les rigueurs, à toutes les avanies qu'il subissait. Il était demeuré un mois entier dans la geôle de l'Alcazar, sans que l'empereur daignât faire un pas vers lui et sans que les ambassadeurs de France fussent autorisés à renouer, à Tolède, les négociations rompues par l'impérieux ultimatum du chancelier. La déception, l'horrible torture morale, le plongèrent dans une noire tristesse et un abattement qui engendrèrent une grave maladie. Une fièvre violente avec redoublement lui enleva ses forces. Il fut considéré comme frappé à mort. Les médecins français, les médecins de l'empereur ne cachaient pas leur pronostic. Charles-Quint daigna lui adresser quelques lignes banales en faisant prendre de ses nouvelles, mais il refusa encore de le voir [1]. Il suivait le conseil de Gattinara : « Si vous voyez ce prisonnier à l'agonie (lui disait celui-ci), vous ne pouvez pas ne pas lui rendre la liberté. »

Cependant le roi gardait la fièvre depuis vingt-trois jours. Un abcès se déclara dans le cerveau et son développement plongea le malade en prostration, sans mouvement, presque sans connaissance. Alarcon manda à l'Empereur que s'il voulait voir le roi vivant, il devait se hâter. Cet avis le remua. La mort du prisonnier, c'était le profit de la victoire perdu, remplacé par la réprobation de l'Europe, car il était acquis que la maladie était le résultat d'une trop longue et trop dure captivité. D'autre part, la duchesse d'Alençon arrivait peut-être le lendemain [2]. Une certaine honte de paraître par trop cruel et discourtois le décida.

C'était le 18 septembre, plus d'un mois après l'entrée du roi.

---

[1] Champollion, p. 332.
[2] Hugues de Moncade, de la part de l'empereur, l'archevêque d'Embrun et le premier président étaient allés la recevoir à Barcelone. On l'attendait le lendemain.

L'empereur chassait du côté de Ségovie. Il écourta la partie et se rendit à l'Alcazar avec sa suite. La scène fut émouvante. Le malade eut à peine la force de parler à son visiteur. Celui-ci le réconforta de paroles dorées, lui recommanda de ne s'occuper que de sa santé, lui promit hypocritement que tout le reste se ferait comme il pouvait le désirer, à sa pleine satisfaction. François Ier, surexcité un instant, retomba dans son accablement, ne put même tendre la main aux grands d'Espagne qui entrèrent ensuite pour lui faire la révérence.

Le lendemain, au matin, la duchesse d'Alençon, venue en grande diligence, se présenta. Charles-Quint l'attendait près du roi ; il alla la recevoir au milieu de l'escalier, la mena vers son frère et sans autre cérémonie repartit aussitôt.

Le roi était toujours au plus mal. Les médecins le condamnaient sans espérance. Il demeura plusieurs jours « sans parler, veoir ne oyr, ne cognoistre personne.... avec tous les signes de la mort. » La présence de cette sœur bien-aimée, ses tendres soins, ses douces paroles, ne parvenaient pas à lui rendre un souffle de vie. Marguerite, au désespoir, le voyait perdu sans remède. Elle demandait un miracle à la Providence. Laissons la parole au premier président. Il a peint en termes pathétiques cette scène de la plus poignante émotion :

« .... Madame la duchesse feist mettre en estat tous les gentilshommes de la maison du roy et les siens, ensemble ses dames pour prier Dieu, et tous receurent nostre Créateur, et après fut dicte la messe en la chambre du roy. Et à l'heure de l'eslévation du sainct Sacrement, Monseigneur l'archevesque d'Ambrun exhorta le roy à regarder le sainct Sacrement et lors le dict seigneur qui avoit esté sans veoir et sans ouyr regarda le sainct Sacrement, esleva ses mains, et après la messe, madame la duchesse luy fit présenter ledict sainct Sacrement pour l'adorer. Et incontinent, le roy dict : « C'est mon Dieu qui me guérira l'âme et le corps, je vous prie que je le reçoive. » Et à ce que l'on luy dict qu'il ne le pourroit avaller il respondict « que sy feroit. » Et lors madame la duchesse fit despartir une partie de la saincte hostie laquelle il receut avec la plus grande componction et dévotion qu'il n'y avoit cœur qui ne fondit en larmes. Ma dicte dame la duchesse receut le surplus du dict sainct Sacrement. Et de ceste heure là il est toujours allé en amendant et la fièvre qui lui avoit duré XXIII jours sans relascher le laissa et en est tout net ¹. »

Le premier président était reparti pour Tolède le 30 septembre. La duchesse s'y rendit le 2 octobre. Elle était un peu plus rassurée. L'empereur lui avait laissé croire qu'il abandonnerait quelques-unes de ses prétentions et faciliterait la conclusion de la paix. Mais du moment que le roi revint vers la santé, sa tactique changea. Il reprit son insensibilité, sa raideur. Il avait promis de traiter directement avec la duchesse, maintenant il évitait de parler d'affaires avec elle, la recevait plus rarement. Il éloigna la reine de Portugal de crainte que Marguerite ne prît de l'influence sur elle. Ses mandataires se montraient plus absolus, plus arrogants, usaient même de menaces ². Certaines concessions qu'ils semblaient avoir faites (la question de Bourgogne à l'arbitrage) étaient retirées. La duchesse, de guerre lasse, pour la liberté et la vie de son frère, avait offert de tout concéder, mais alors sans mariage, sans traité d'alliance. L'empereur avait refusé ³. Il voulait la Bourgogne et, pour être sûr de la garder, le roi de France son beau-frère et son allié. Le système de ruse et de perfidie était le même envers la duchesse et vis-à-vis du roi. Extorsion savante, calculée, torture de la volonté à petit feu, sans rémission, pour obtenir de la faiblesse, du chagrin, de l'énervement, un consentement même inconscient et sans vertu. Marguerite circula pendant trois mois de Madrid à Tolède, le surintendant Babou fit dix-huit fois ce voyage ⁴, sans faire avancer d'un pas la négociation. La duchesse, indignée de tels procédés, dit un jour à Lanoy : « Vous et votre maître manquez d'honneur. » Elle qualifiait leur conduite d'infâme ⁵. Et elle écrivait au roi : « Je trouve l'office de solliciteur plus pénible que de médecin à vous veiller ⁶. » La reine Éléonore se montrait très mortifiée de ces manœuvres. Au reste,

---

¹ Lettre de Jean de Selve au parlement de Paris, 1ᵉʳ octobre 1525. Champollion, p. 332.
² *Ibidem*, p. 343. Lettre de Babou à Montmorency.
³ *Ibidem*, p. 473.
⁴ *Ibidem*, p. 433. Rapport de Babou au parlement, 18 décembre 1525.
⁵ Elle écrivait à sa mère : « Si j'avois affaire à gens de bien qui entendissent ce que c'est que l'honneur, je ne me soucierois, mais c'est tout le contraire » (Cf. Dareste, *Hist. de France*, t. III, p. 530).
⁶ Champollion, p. 354.

Gattinara venait de présenter un nouvel ultimatum où il n'était plus question de son mariage [1]. Cependant quand la duchesse, dépitée de l'inutilité de ses efforts, voulait partir, Charles-Quint la retenait, mais il refusait de prolonger son sauf-conduit, qui expirait à la fin de décembre, en prétendant qu'elle était à la veille d'obtenir satisfaction [2].

Jean de Selve, qui restait presque toujours à Tolède, pour communiquer avec l'empereur, constatait que celui-ci « portoit chaque jour plus grande rigueur » au roi [3]. François Iᵉʳ n'avait plus d'illusion. Il écrivit d'un ton ferme à Charles-Quint : « C'est vouloir me tenir toujours prisonnier que de me demander chose impossible, je suis donc résolu de prendre la prison en gré, quoique ne l'ayant méritée longue, étant prisonnier de bonne guerre. Dieu me donnera la force de la porter patiemment. Je n'ai regret sinon que le fait de vos bonnes paroles qu'il vous plut me tenir en ma maladie n'ait sorti leur effet [4]. » La prison sans espoir de délivrance commandait un suprême sacrifice. Le roi abdiqua en faveur de son fils. L'acte fut rédigé par le premier président, dressé en forme, scellé et signé du roi, de l'archevêque d'Embrun, l'évêque de Lisieux, le premier président, etc., et contresigné par Robertet (novembre 1525) [5]. Il fut signifié à Charles-Quint. Montmorency fut chargé de porter en France cet instrument pour être mis à exécution.

Marguerite était dévorée d'amertume, autant et peut-être plus que le roi. Écœurée de ces basses supercheries, de ces procédés plus que discourtois, malhonnêtes, redoutant quelque piège et pressée par le terme de son sauf-conduit, elle partit au milieu de novembre, malgré la rigueur de la température. Sa demande de prendre route par le royaume de Navarre (afin de sortir plus tôt des terres de l'empereur) fut brutalement rejetée. Elle dut traverser « par froidures, neiges et gelées » les royaumes de Castille et d'Aragon, les comtés de Barcelone et de Roussillon, en grande hâte d'être rentrée en France avant l'expiration

---

[1] Champollion, p. 363. Moyens de paix baillés par le conseil de l'empereur à Mᵐᵉ la duchesse d'Alençon, octobre 1525.
[2] *Ibidem*, p. 473, 462.
[3] *Ibidem*, p. 433. Rapport de Babou.
[4] Lettre de François Iᵉʳ à Charles-Quint, remise par Jean de Selve. *Ibidem*, p. 384.
[5] *Ibidem*, p. 416, 429 ; Godefroy, *Cérémonial*, t. II, p. 484.

de la trêve et du sauf-conduit. D'après ce que raconte Babou, dès que l'empereur connut le départ de la duchesse, il dépêcha un homme vers le roi afin qu'il la fît revenir. Il promettait d'envoyer de nouveau à Madrid les gens de son conseil avec des instructions définitives pour conclure cette fois la paix et la délivrance. Mais le roi connaissait maintenant l'âme de son vainqueur. Il refusa de contremander sa sœur [1].

Alors ce grand monarque qui l'avait retenue, l'avait mise en retard, songea à chicaner sur le sauf-conduit, à la faire arrêter à la frontière pour avoir un otage de plus. Pour échapper, la duchesse fit en un jour le chemin qu'elle devait faire en quatre. Arrivée à Salces en Roussillon, le dernier jour de son sauf-conduit, elle eût été faite prisonnière sans l'assistance du sieur de Clermont-Lodève, lieutenant du roi dans Narbonne, qui était venu au-devant d'elle en force et intimida ceux qui avaient charge de l'arrêter [2]. Montmorency avait aussi un sauf-conduit, mais il eût été arrêté s'il avait passé par Perpignan [3].

La duchesse partie, le roi se déclara décidé à terminer sa misérable vie en captivité et demanda à l'empereur de lui assigner une prison définitive. En même temps ses plénipotentiaires reçurent ordre de retourner en France. Mais Charles-Quint ne s'accommodait pas mieux de ces dernières résolutions. Il craignait les conséquences de l'acte d'abdication. Les alliances conclues par la régente amèneraient promptement la guerre. Il

[1] Champollion, p. 437, 438.
[2] Du Bellay, *ubi supra*, p. 202.
[3] Champollion, p. 440, 474, 481. — Naturellement, ces faits odieux ont été niés par les apologistes de Charles-Quint et les écrivains français qui se sont rangés de leur parti. Et voilà qu'en 1878, il a été découvert dans les archives d'Autriche un sauf-conduit valable jusqu'au 30 janvier 1526 et qui aurait été délivré à la duchesse. M. Paillard, qui l'a publié, estime que ce document capital tranche définitivement la question. — Cette découverte, extraordinaire après trois cent cinquante ans, n'a aucune portée. Le sauf-conduit est délivré le 23 novembre : la duchesse était en route pour la France depuis cinq à six jours. Le 19, elle écrivait à son frère d'Alcala à dix lieues de Madrid (Génin, *Nouvelles lettres de la reine de Navarre*, p. 47). Il est conditionnel et la condition est potestative, dépend du bon plaisir de l'empereur. «.... Pourveu que les dessus dits [la duchesse et sa suite] n'ayent fait, ne feront ou pourchasseront chose préjudiciable à nous, nos royaumes.... » Ce loyal monarque venait de recruter un autre traître. Un serviteur du roi, Clément Champion, lui avait dénoncé une tentative d'évasion de son maître. Tout l'entourage de François I*er* y était plus ou moins compromis. La duchesse, Montmorency, les ambassadeurs tombaient sous la réserve du sauf-conduit. Paillard, p. 306, 358.

ne la voulait pas en ce moment. Toute autre conclusion était préférable, même un traité d'exécution problématique.

Le roi n'était pas résigné. Il avait vu la mort de très près. Ses angoisses s'étaient ravivées depuis le départ de sa sœur. Sa santé encore chancelante, son chagrin, ses craintes, minaient sa force de résistance. Sa mère lui répétait que la chose publique périclitait par suite de cette captivité sans fin. La nouvelle de sa mort plusieurs fois répandue par malveillance, les dissentiments du parlement et du grand conseil entretenaient le malaise et la division; il faut qu'il revienne à tout prix ! Qu'il cède la moitié de la Bourgogne, qu'il offre en argent deux fois le revenu de « cette Bourgogne », qu'il l'abandonne tout entière plutôt que de ne pas porter remède à la terrible situation du moment ! Sa sœur, dans les larmes de la séparation, lui avait donné de son côté ce conseil du désespoir [1]. Il résistait toujours, écoutant son devoir de roi ! Mais l'épreuve était trop longue, trop cruelle.... La force de résistance était à bout.... Le 19 décembre, le prisonnier donna l'ordre aux ambassadeurs de souscrire à tout ce que demandait Charles-Quint, même pour la Bourgogne....

Il espérait être libre enfin, ou tout au moins devenir prisonnier sur parole, être traité avec moins de dureté. De longs jours s'écoulèrent encore sans aucun adoucissement à ses misères. Il avait tout cédé et on ne se relâchait envers lui d'aucune rigueur. Il n'y avait plus rien à discuter et la conclusion restait en suspens. Ce n'est que le 13 janvier que Jean de Selve, suivi de ses collègues, vint annoncer au roi que le traité était passé par écrit, « le tout en ensuivant le vouloir et plaisir de l'empereur, » et qu'il y était stipulé que le roi, tenant prison, le signerait de sa main, jurerait de l'observer, l'empereur se réservant de ne signer lui-même qu'après la ratification de la régente, le roi étant rentré en France. En quoi, observa le premier président, il y avait inégalité flagrante, outre que ce traité contenait plusieurs choses contre toute justice et raison, que les ambassadeurs n'auraient acceptées sans l'injonction formelle du roi. Les

---

[1] Et en route, elle lui écrivait, dans le même sens, cette lettre si parfaitement honorable qui a fait naître de si odieux soupçons dans des cerveaux déréglés. Génin, *Nouvelles lettres....*, p. 3-12. Le génie de Michelet ne l'a pas, hélas ! préservé d'une si étrange erreur ! (*Réforme*, p. 175.)

mandataires de l'empereur devaient venir dans quelques heures requérir la signature et le serment du roi [1]. Il n'était rien dit au sujet de l'amélioration du régime du prisonnier.

Le roi fut profondément affecté. D'un air grave, solennel, il commanda au premier président de recevoir le serment de tous les assistants, de tenir secret et ne révéler jamais ce qui allait être dit. Jurèrent entre les mains du premier président : l'archevêque d'Embrun, le maréchal de Montmorency, Chabot de Bryon, La Barre, bailli de Paris ; Claude Gouffier, sieur de Boisy, et le premier président jura ensuite entre les mains du roi.

François Ier renouvela alors sa protestation du 16 août. Il y rappelait tous les faits, les injustes exigences de l'empereur, les rigueurs inhumaines dont il avait été l'objet. Il déclarait qu'un chevalier ne peut et ne doit répondre de sa foi que lorsqu'elle a été « franche, quitte, pure et nue. » L'empereur, loin de se fier à sa parole, lui impose sa volonté par contrainte et longueur de prison. Les conventions ainsi dictées sont à l'avance frappées de nullité [2]. Les assistants souscrivirent à cet acte : loin de le désapprouver, ils paraissent en avoir reconnu la légitimité (13 janv.).

Après la signature du traité, l'obéissance passive aux volontés de l'extorqueur, la situation du prisonnier ne changea pas. En proie de nouveau à l'inquiétude, à toutes les craintes, il fut repris par la fièvre, s'alita. Et une scène plus odieuse se place ici. François Ier devait se fiancer à la reine de Portugal, heureuse d'unir sa destinée à ce roi dont le malheur n'avait pas diminué le prestige. Charles-Quint aurait dû être jaloux que cette cérémonie se fît avec dignité, sinon avec éclat, mais surtout avec l'apparence de la liberté. Elle fut humiliante. Le roi, sur son grabat de prison, dévoré de fièvre, Lanoy, suivi d'un prêtre, entra tout houssé et éperonné, avec ordre de l'empereur de célébrer le mariage, par paroles de présent, comme procureur de dame Éléonore. La chose ainsi bâclée, le vice-roi repartit vers son maître, laissant le fiancé sous bonne garde (20 janv.) [3].

La nuit suivante, le feu prit au château et brûla tout un quartier du logis. L'effroi fut si grand, le danger si pressant, qu'on

---

[1] Champollion, p. 467.
[2] *Ibidem*, p. 467, 478.
[3] *Ibidem*, p. 506.

dut lever précipitamment le malade, « et fut son lit plié et sa chambre vidée et resta debout toute la nuit sans prendre un instant de sommeil [1]. » L'archevêque et le premier président, accourus, demandèrent au capitaine Alarcon d'assigner au roi avec ses gardes un autre appartement avant que le feu eût fermé les issues. Alarcon refusa, tant étaient rigoureux les ordres du maître [2]. La surveillance ne devint que plus étroite de jour et de nuit.

François Ier resta ainsi un mois entier sans que l'empereur daignât visiter son beau-frère. Le mardi gras 13 février, il se présenta. Le prisonnier espérait enfin « avoir de luy liberté ou quelque acte de honnesteté, tour de magnanimité et relaxtion d'aucunes des déraisonnables promesses qu'on luy avoit fait faire [3]. » Bien au contraire. Les gardes restèrent à ses côtés pendant la visite. L'empereur l'humilia, le mortifia encore, lui annonça qu'il avait donné le duché de Milan à Bourbon et requit le roi de servir au traitre une pension de 20,000 livres, en attendant le règlement de la question de Provence. La requête dut être obéie, quoique cet article eût été, après discussion, rejeté du traité. D'autres exactions furent encore pratiquées ou tentées en faveur de l'ex-beau-frère, des chambellans, des domestiques du magnifique empereur. « Il vouloit tirer dud. seigneur, tant pour luy que pour les siens, tout ce qui lui seroit possible, sans avoir esgard à aucune honnesteté [4]. » Mais le prisonnier resta enfermé, sous la même garde brutale de trois cents arquebusiers, derrière les grilles de l'Alcazar. Le vendredi 16, l'empereur vint le prendre, l'emmena dîner à Getafe et de là coucher dans la forteresse de Torrejon toujours en condition de prisonnier, escorté de ses gardes et de gens de cheval et de pied qui entrèrent avec lui bannière déployée et l'arquebuse au poing [5]. Le lendemain, avec le même appareil de captivité, l'empereur le conduisit vers sa sœur à Illescas et, après une courte visite, le réintégra dans la forteresse. Le dimanche, nouvelle visite du roi et de l'empereur à Éléonore et retour à Torrejon.

[1] Champollion, p. 507.
[2] *Ibidem*, p. 507.
[3] *Ibidem*.
[4] *Ibidem*, p. 508.
[5] *Ibidem*, p. 509.

Le lundi 19, l'empereur prit congé du roi et ordonna de le reconduire au château de Madrid, où il serait enfermé jusqu'à son départ. François demandait instamment de ne pas rentrer dans cet affreux cachot où il avait tant souffert. Tout adoucissement devait lui être refusé jusqu'à la fin [1].

Son départ, fixé au mardi, fut encore retardé d'un jour, parce que les soldats de sa garde n'étaient pas payés. Il partit le 21, toujours prisonnier, avec Lanoy et Alarcon, les gardes à cheval et à pied, plus étroitement surveillé à mesure qu'on approchait de la frontière. Il devait se défrayer avec sa suite et on le renvoyait sans pécule. A grand'peine le cortège royal pouvait-il payer l'écot dans les « posadas » où on s'arrêtait pour les repas et la couchée [2].

On sait la rigueur minutieuse, barbare, peut-on dire, qui fut apportée dans l'échange, au milieu de la Bidassoa, du roi de France contre ses deux fils amenés par Lautrec. On ne donna pas au père le temps d'embrasser ses enfants.

Le roi n'arriva à Bayonne que le 17 mars. Le premier président l'avait précédé, dépêché vers la régente pour lui rendre compte de la venue du roi et des mesures à prendre [3]. Il était porteur d'une lettre qui montre les sentiments que François Ier avait pour lui.

C'est ce que Michelet appelle « la farce de Madrid [4]. » Heureuse expression, en vérité, pour un drame si poignant ! Un roi valeureux, accablé par l'infortune, nouveau Richard Cœur de Lion, prisonnier d'un autre duc d'Autriche, traité avec une implacable dureté, une inhumanité révoltante, malade à la mort, sans exciter chez son vainqueur d'autres sentiments que ceux « d'un cor-

---

[1] Champollion, *ibidem.*
[2] *Ibidem*, p. 505. — « .... Nous n'avons pas un escu, à grand peine pour payer nostre escot. » Le roi supplie Madame de lui envoyer de l'argent le plus tost que faire se pourra, car il en a bien besoing.
[3] *Ibidem*, p. 518. Lettre de Jean de Selve au parlement de Paris (18 mars). Guizot (*Hist. de France*, t. III, p. 180), entre autres erreurs sur la suite de ces événements, rapporte que Jean de Selve étant, vers la fin de mars, venu à Bayonne pour féliciter le roi, celui-ci le reçut froidement, se plaignit du parlement, ce dont le premier président avisa ses collègues. Il a mal lu la lettre du premier président pourtant très claire. — Il précédait le roi qui écrivait à sa mère : « Ce mauvais homme, Madame, s'en va vers vous, duquel ne vous escriray point le service qu'il m'a fait icy, espérant bientost vous le dire moy-mesme. » Champollion, p. 501.
[4] Michelet, *Réforme*, p. 275.

saire vis-à-vis d'un esclave opulent ¹. » Cette farce a la gaieté d'une danse macabre.

Cependant l'illustre historien qualifie d'atroce la conduite de Charles-Quint. « Atroce, mais logique, » dit-il. On voulait désespérer ce malheureux, le briser, l'énerver. C'était le seul moyen d'obtenir de lui qu'il trahît la France, se trahît lui-même !

Gattinara refusa de signer le traité, parce qu'il ne pouvait être exécuté. L'empereur n'espérait plus avoir la Bourgogne, mais il gagnait mieux qu'une province. Il déshonorait ce rival dont il était si furieusement jaloux, il avilissait ce fameux vainqueur de Marignan, le frappait d'impuissance en détenant ses enfants en otage, le mettait dans l'alternative de trahir sa patrie et ses alliés ou de se montrer parjure et menteur. Honteux dilemme de lâcheté ou de déloyauté! Nous résumons Michelet ². C'est peut-être un peu forcé. Le certain, c'est que l'empereur était obligé d'en finir, que le rôle odieux qu'il tenait soulevait d'indignation ses sujets eux-mêmes, particulièrement les grands d'Espagne ³. Il n'aurait pas la Bourgogne, il le savait bien. Il ne pouvait ni la prendre ni la garder, mais il retenait encore assez d'avantage de sa victoire de hasard ⁴.

Rendu à la liberté, François Iᵉʳ, l'eût-il voulu, n'aurait pu pacifiquement livrer la Bourgogne. Il ne revint pas se constituer prisonnier, comme il l'avait promis. Avait-il donné librement sa parole, était-il engagé en conscience devant Dieu et devant les hommes? Il serait oiseux de ressasser cette question après Grotius, Pufendorf, Vatel, etc., etc. Le consentement doit être donné en pleine liberté. La crainte d'un mal, la contrainte morale, vicient le consentement. Les conventions auxquelles on est forcé par une violence injuste sont entièrement nulles.... François Iᵉʳ soutint toujours que, d'après les lois de l'honneur (on disait alors de la chevalerie), le prisonnier gardé n'était pas

---

[1] C'est le jugement en propres termes des Bénédictins, dont on connaît l'esprit modéré. *Art de vérifier les dates*, t. I, p. 634. Michelet, qui n'a pas la même qualité, a la même opinion : « L'empereur était un corsaire et un marchand. » *Réforme*, p. 268. — Même sentiment chez Robertson, t. II, p. 342.

[2] Michelet, *Réforme*, p. 251, 276.

[3] «... Quatre des principaux princes d'Espagne s'estoient voulu hostaiger corps et biens pour la liberté du roy.... » Champollion, p. 396. Cf. Michelet, *Réforme*, p. 274.

[4] Dareste, t. III, p. 535.

obligé par la parole qu'il donnait pour recouvrer sa liberté. C'est là un besoin et un désir irrésistibles ; c'est, suivant l'expression de saint Augustin, « la voix de la nature contre laquelle rien ne peut tenir et qui détruit toute responsabilité [1]. » A chacun de prendre parti dans cette casuistique.

Quoi qu'il en soit, la conduite de François Ier, non seulement n'indigna pas l'opinion générale de son temps, mais elle sembla s'en inspirer et répondre à son attente. Personne ne crut que des conditions si déraisonnables, hors de proportion avec le succès obtenu, « sans autre peine que la grâce de Dieu, » souscrites par un prisonnier affaibli par la maladie, à l'avance, itérativement, déclarées nulles par lui et ses ambassadeurs, seraient suivies d'exécution. Guichardin traduit cette opinion générale. « La cour de l'empereur (assure-t-il) n'en jugea pas autrement [2]. »

Le traité était à peine signé que l'ambassadeur du pape à Madrid, le célèbre Balthasar Castiglione, si sympathique à Charles-Quint, écrivait : « Tout le monde pense qu'un tel traité ne sortira pas à effet [3]. » Et le nonce, député à l'assemblée de Cognac, offrait au roi, de la part du saint-père, l'absolution de tous les serments qu'il pouvait avoir prêtés durant sa captivité [4].

Le pape, les États d'Italie, Venise, Milan, Ferrare, le roi d'Angleterre, avaient hâte de voir déchirer ces conventions viciées dans leur principe. L'intérêt de l'Italie était là, il est vrai, et c'est peut-être ce sentiment qui faisait écrire à Machiavel : « Le bon parti pour le roi, c'est de promettre tout pour être libre et ne pas rendre son parti mauvais en observant le traité [5]. » Henri VIII pensait de même et il était plus désintéressé.

---

[1] Pufendorf-Barbeyrac, *Le droit de la nature et des gens*, l. III, ch. vi, paragraphes 11 et suiv. ; t. I, p. 430-437 ; éd. de 1771. — Grotius-Barbeyrac, *Le droit de la guerre et de la paix*, l. II, ch. vi, paragraphe 5 ; t. I, p. 367 ; éd. de 1729. — « Prisonnier gardé n'est tenu à nulle foy, ni ne se peult obliger à riens. » C'est ce que soutint toujours François Ier. — Dans le droit moderne on ne demande pas le serment des inculpés, censé sans valeur, par suite de l'impérieux désir de recouvrer la liberté ou d'éviter la répression.

[2] Guichardin, t. III, p. 170. — C'était aussi le sentiment de l'évêque d'Osma, confesseur de l'empereur, et de beaucoup d'autres notabilités. V. Mayer, *Galerie philosophique du XVIe siècle*, t. I, p. 51.

[3] «.... Andando le cose di Francia come vanno che quasi ognuno estima che si dira : *Non stant foedera facta metu.* » Lettres de Castiglione, t. II, p. 38. Cf. Mignet, t. II, p. 205.

[4] Garnier, *Hist. de France*, t. XXIV, p. 227. Cf. Artaud, *Machiavel et son génie*, t. II, passim.

[5] Lettre de Machiavel à Guichardin, 1526. Cf. Rey, *ubi supra*, p. 183 et suiv.

Les hommes qui avaient assisté leur roi dans cette circonstance, s'ils n'avaient pas inspiré sa conduite, ne l'avaient pas improuvée et s'y étaient associés. Ils comptaient parmi les plus respectés du royaume et de la chrétienté. François de Tournon, qui fut cardinal et premier ministre, « homme d'une rare prudence et d'un mérite extraordinaire, d'une habileté et d'un amour pour sa patrie presque au-dessus de tout ce qu'on en peut penser », dit un excellent juge, Jacq.-Aug. de Thou [1]; le maréchal Montmorency, dont voici le portrait de la main d'un maître : « Intrépide à la cour comme dans les armées, plein de grandes vertus et de défauts, général malheureux, esprit austère, difficile, opiniâtre, mais honnête homme et pensant avec grandeur [2]. » Nous avons dit l'estime qui entourait Jean de Selve. L'évêque de Tarbes, Gabriel de Gramont, plus tard cardinal, Chabot de Bryon, le futur amiral, le bailli La Barre, les trésoriers Robertet et Babou, qui furent étroitement mêlés à ces négociations, ont aussi leur place marquée dans l'histoire et ne sont pas indignes d'être nommés à côté de ces illustres personnages. Quant au sentiment des grands corps de l'État et de la France entière, il fut tel qu'on a pu dire : « Si François Iᵉʳ fut coupable, tous les Français furent ses complices [3]. »

Les délégués de Charles-Quint qui suivaient François Iᵉʳ, dès qu'ils touchèrent le sol français, comprirent bien que tous les articles du traité pourraient être exécutés sauf un seul, celui de la Bourgogne. Pour agir régulièrement, il fallait, d'abord, consulter la représentation de cette province, c'est-à-dire les états, et leur opposition n'était pas douteuse. La Bourgogne, première pairie de France, incorporée au royaume sous les fils de Clovis, ne voulait pas devenir autrichienne et terre d'Empire. En outre, le sentiment national était exaspéré par les procédés astucieux et cruels de l'empereur envers le roi, qui s'en plaignait très vivement [4].

---

[1] *Histoire universelle*, l. XXIV, t. III, p. 373. Le P. Daniel a dit : On ne sait pas que jamais Tournon ait pris le mauvais parti dans une affaire.

[2] Voltaire, *Essai sur les mœurs*, ch. CLXXI.

[3] La phrase est de Lacretelle. — L'opinion des contemporains sur la validité du traité nous est donnée avec détail par Guillaume Paradin, *ubi supra*, p. 140.

[4] La meilleure preuve du mauvais traitement souffert par François Iᵉʳ est encore dans ses déclarations réitérées en public et à titre privé, au nonce du

L'assemblée de Cognac édifia complètement les ambassadeurs de Charles-Quint, Lanoy, Moncade et Alarcon. Malgré les exhortations du roi (elles étaient plus ou moins sincères), les représentants de la Bourgogne déclarèrent qu'ils ne reconnaissaient pas le traité en ce qui les concernait et qu'ils ne s'y soumettraient que par la force des armes. François Ier offrait de remplir toutes les autres conditions et de payer, en place de la Bourgogne, trois millions d'écus d'or et même davantage, à la discrétion de l'empereur (plus de 100 millions de notre monnaie); mais Charles-Quint, avec hauteur, refusait toute transaction, et ses ambassadeurs eurent la mortification de voir publier en leur présence la ligue que le roi de France venait de conclure avec les états d'Italie sous la protection du roi d'Angleterre.

Cependant les résolutions de François Ier étaient subordonnées à l'avis des grands corps du royaume qu'il voulait solliciter. Le 16 décembre, il tint au parlement un lit de justice qui fut en même temps une assemblée de notables. Tous les assistants (pairs, grands officiers, magistrats, délégués du clergé, de la noblesse, des villes) ayant prêté serment de garder le secret de cette délibération, le roi prit la parole. Il s'exprima avec gravité, mais avec bonhomie et familiarité, comme un père s'adressant à ses enfants. Il a convoqué cette réunion pour remplir le devoir de son office, remercier ses fidèles sujets de leur dévouement dans la crise qu'il vient de traverser et prendre leur avis loyaument et selon leur conscience sur le traité qu'il a signé et sur la conduite qu'il doit tenir.

Ayant exposé les circonstances de sa captivité et les conditions dans lesquelles il avait signé le traité, il déclara qu'il ne se croyait nullement engagé par son serment donné comme prisonnier et sous le coup de la contrainte morale, mais que l'inexécution du traité pouvant entraîner la guerre, il s'était cru tenu de demander l'avis de ses sujets sur la conduite à suivre.... Et si le traité était rompu, devait-il retourner en Espagne et reprendre prison?.... Il se soumettait d'avance à la décision de l'assemblée et l'observerait strictement. Il la conjurait de bien

pape, à Cognac, au héraut de Charles-Quint, en 1528, à ses enfants au retour de leur captivité, à Henri VIII, etc. Cf. Rey, *ubi supra*, p. 253 ; *Mémoires de Castelnau*, éd. de Le Laboureur, t. I, p. 410.

réfléchir et de lui donner un conseil en ne se préoccupant pas de la personne royale, mais uniquement de la chose publique.

Le cardinal de Bourbon, pour l'Église de France, déclara que les principaux prélats du royaume, réunis à Paris sur convocation, se rassembleraient pour délibérer sur le conseil à donner au roi selon leur conscience et lui feraient tout le service dont ils étaient capables.

Le duc de Vendôme, pour la noblesse, fit la même déclaration, assurant que la noblesse était prête à servir le roi en y employant corps et biens et la vie.

Messire Jean de Selve, premier président, porta la parole tant pour la cour de céans que pour les autres cours du royaume et pour le prévôt des marchands, échevins, bourgeois, manants et habitants de la ville de Paris. Remerciant humblement Sa Majesté, comme l'avaient fait les précédents orateurs, de daigner consulter ses sujets et de demander gracieusement leur service où il pourrait commander, il protesta du dévouement des peuples français qui subviendraient de toute leur force au chef de la chose publique, comme les membres subviennent en toute chose au chef du corps humain dont dépend le mouvement et la vie.

L'assemblée se divisa en quatre ordres, église, noblesse, justice et ceux de la ville pour délibérer à part le lendemain 17. La section de justice discuta en forme de droit. Il fut donné lecture, suivant la volonté du roi, de l'acte de son abdication qu'il se déclarait prêt à confirmer. Du consentement de tous les magistrats des divers parlements et à l'unanimité, il fut résolu que réponse serait faite au roi par messire Jean de Selve et qu'il lui serait dit : « qu'il n'est aucunement obligé de retourner en Espagne es mains de l'élu empereur par vertu de la foi et serment qu'il bailla, et que led. serment est nul et qu'il n'est obligé de tenir et accomplir le contenu fait à Madrid, comme fait en prison, par induction et extorqué par force et ne doit par conséquent livrer le duché de Bourgogne ».

Le 20, nouveau lit de justice dans le même apparat que le 16. Le cardinal de Bourbon offrit, au nom du clergé de France, un don de 1,300,000 livres pour la délivrance des enfants du roi et la conclusion de la paix si l'empereur voulait l'accepter.

Le duc de Vendôme, au nom de la noblesse, déclara que les membres présents offraient au roi non seulement la moitié de leurs biens, mais le tout, et leurs corps et leur vies. Ils étaient sûrs d'avance que les absents feraient le semblable pour la délivrance des enfants de France.

Après quoi messire Jean de Selve, premier président, les autres présidents, conseillers et officiers de ladite cour, ensemble les présidents des autres cours et parlements de France, se mirent à genoux, lesquels le roi fit lever incontinent. Le premier résuma alors les sentiments de l'assemblée dans un discours divisé en trois parties. D'abord, il examina la question de savoir si le roi devait retourner en captivité. L'assemblée, pleine d'admiration pour le sacrifice qu'il serait disposé à faire, a décidé unanimement qu'il était tenu par toutes les lois divines et humaines de rester avec son peuple pour le diriger et le défendre. — Le second point touchait l'exécution du traité. Le roi était-il obligé de sa foi d'entretenir le traité et d'abandonner le duché de Bourgogne? La discussion est ici plus serrée. L'assemblée contient de hauts personnages d'une science et d'une intégrité renommées. Il n'en est pas un qui ait été d'opinion que l'obligation, dans les conditions où elle a été souscrite, ait créé un lien de droit ou de conscience. Lui, premier président, a consulté les ouvrages des docteurs qui ont traité de la matière, et tous se rencontrent dans le même sentiment. — Il cite les auteurs, le cardinal Zabarella, François de Accoltis, Dèce, Balde, etc., etc., et les cas examinés semblables à celui du roi. Il en résulte que ledit seigneur n'a contracté aucune obligation. Le roi n'a pas été libre une heure, et quand on lui demandait sa foi, il était en prison, et quand il l'eut donnée, il fut gardé encore plus étroitement. Lui, président, le sait et le savent aussi les sieurs de Montmorency et de Bryon, l'archevêque de Bourges (alors d'Embrun) et le bailli de Paris qui sont là présents et ne bougèrent d'auprès du roi. — Quant à la Bourgogne, il n'est pas au pouvoir du roi de la séparer de la couronne. C'est un apanage, régi comme la couronne par la loi salique et qui, à défaut d'hoirs mâles, est réintégré de plein droit dans le domaine de l'État, ainsi que l'a ordonné le roi Jean. Ce domaine est donné au roi à son avènement comme une dot en mariage, il a le droit d'en jouir, jamais de l'aliéner sans le consentement de ses sujets [1].

[1] Cet exposé de droit constitutionnel, présenté par Jean de Selve, à Madrid

Le peuple de Bourgogne s'opposerait du reste à cette séparation même par la force, ainsi que l'ont déclaré à l'assemblé, de Cognac ses députés qui sont ici présents.

Le troisième point était relatif à l'alternative de la délivrance des enfants de France avec conclusion de la paix ou au contraire de l'éventualité de la guerre et aux ressources nécessaires dans cette double hypothèse. Au nom de tous les parlements de France, l'orateur déclarait que le roi pouvait et devait lever les sommes nécessaires (soit deux millions d'or) tant sur le clergé et la noblesse que le tiers état.

Le prévôt des marchands et les échevins, restant à genoux, déclarèrent s'associer à tous les sentiments que venait d'exprimer le premier président. Le roi est le père de la chose publique qui, par son absence, demeurerait orpheline, et si sa sacrée personne et majesté royale avait délibéré de retourner en Espagne prisonnier, ils mettraient toute la peine qui serait possible pour l'empêcher.

Le roi remercia l'assemblée avec émotion. Il n'a rien dit par feinte à ses sujets. S'il avait été jugé qu'il dût revenir en Espagne, il l'aurait fait. « Quant à bailler la duché de Bourgogne, qui lui demanderoit son avis comme privé et simple gentilhomme et non comme roy il seroit d'avis que l'on luy devroit plus tost passer sur le ventre.... et par plus forte raison comme roy. » Il demande qu'on lui continue de sages conseils sur son devoir. Il les prendra bénignement et ce qu'il se trouvera de raison il le fera. Il parle sincèrement et que ses sujets « n'ayent crainte de eux retirer en général et particulier devant luy et les remercie de leur bon vouloir et conseil [1]. »

Au XVIᵉ siècle, les traités violés par la seule loi de l'intérêt, sans aucun prétexte, avec cynisme, ne se comptent pas. Charles-Quint connut de bonne heure cette pratique « d'abus, tromperies et foy mentie [2]. » Pour garder la jouissance du royaume de Naples, il avait juré d'épouser la fille du roi de France, il payait

---

d'abord et ensuite en lit de justice, a été, depuis, toujours rappelé sous l'autorité de son nom. Hénault, *Abrégé chronologique de l'hist. de France*, p. 903, éd. de 1761.

[1] Godefroy, *Cérémonial* ; procès-verbal de l'assemblée ; t. II, p.413-490.
[2] Castelnau-Le Laboureur, *ubi supra*; lettre du secrétaire de l'amiral Chabot de Brion, écrite en 1535 à son maître.

la pension d'entretien de sa future, il souscrivait des actes officiels pour obtenir les dispenses, célébrer les fiançailles [1]; tout d'un coup, il lui plut de se départir de tous ses engagements, il déchira le traité de Noyon. Clément VII, prisonnier au château Saint-Ange, en 1527, paya rançon à l'Empereur pour être délivré. Il ne le fut pas et restait indéfiniment captif comme François Ier, obsédé d'exigences et déclarant comme lui que s'il était contraint d'y céder pour recouvrer sa liberté, il ne tiendrait aucun compte de ses promesses [2]. Finalement, le pape, déguisé en marchand, dut s'évader des mains du roi catholique. Charles-Quint se fiait à la loyauté de François 1er, lorsqu'en 1540, il traversa la France pour aller châtier les Gantois; il ne fut pas trompé, mais il trompa indignement François 1er, auquel il avait formellement promis de rendre le Milanais dès qu'il serait sorti de France [3]. Il avait, comme on dit, de qui tenir. Ses deux grands-pères, Maximilien et Ferdinand, ne se soucièrent jamais d'une parole donnée et de la religion du serment. Louis XII s'était plaint que Ferdinand l'eût trompé trois fois : « Il en a bien menti, l'ivrogne (dit le roi d'Aragon), je l'ai trompé plus de dix fois ». Maximilien viola tout aussi souvent sa parole. Vis-à-vis de Louis XII, il se retira de la ligue de Cambrai après l'avoir jurée. Vis-à-vis des Gantois, qui le tenaient prisonnier, il souscrivit certaines conditions et promit le pardon; mis en liberté, il s'unit à son père l'empereur Frédéric pour tirer une cruelle vengeance de ces « marauds de Flamands » [4].

Charles-Quint était si bien persuadé que le traité de Madrid ne sortirait pas son plein effet et que la Bourgogne ne devait et ne pouvait être livrée que, dès l'année suivante, après le sac de Rome, dans sa lettre aux princes chrétiens, il se faisait un mérite d'avoir délivré le roi de France sans se venger de ses inju-

---

[1] Du Tillet, *Recueil des Roys*, p. 244. Nombreux actes à ce sujet jusqu'en 1519.
[2] Guichardin, t. III, p. 309, 336 et suiv.; Robertson, t. III, p. 10.
[3] Du Bellay, p. 468. Il raconte avec détail la « malitieuse » supercherie de l'empereur pour éluder l'engagement qui avait été pris en forme par voie diplomatique pour obtenir le passage de l'empereur. — Singulier rapprochement : l'ambassadeur de France qui négocia à Madrid au sujet de la demande de passage de l'empereur était Georges de Selve, évêque de Lavaur, fils du premier président. Il accompagna Charles-Quint jusqu'à sa sortie de France, pour lui réclamer l'investiture promise. Il n'obtint qu'un refus brutal, sans explication.
[4] *Art de vérifier les dates*, t. I, p. 765 ; t. III, p. 25.

res et sans recouvrer tout ce qui avait été usurpé sur lui [1], et qu'au cours des négociations ouvertes à Burgos par les ambassadeurs des rois de France et d'Angleterre, il avait cédé sur le duché de Bourgogne [2]. Son caractère altier l'empêcha encore d'accepter l'ensemble des propositions très dures auxquelles se soumettait François Ier. Mais deux ans plus tard, après une nouvelle guerre meurtrière, il dut s'en contenter. Jean de Selve coopéra aux négociations qui amenèrent en 1529 la paix des Dames. Louise de Savoie fut assistée du chancelier de France et du premier président de Paris dans les pourparlers avec Marguerite d'Autriche [3]. La Bourgogne restait à la France et Jean de Selve put, avant de mourir, faire enregistrer par le parlement la rectification tant souhaitée du traité de Madrid. Il ne survécut pas longtemps à cette satisfaction. L'avocat Versoris consigne sa mort en ces termes, sur ses tablettes : « Le samedi XIe jour décembre (1529), Monsieur maistre Jehan Salva, premier président en la cour de parlement, fut enterré à l'esglise Saint-Nicolas du Chardonnet, sa paroisse. Il fut fort plaint et regretté et non sans cause, car il estoit homme prudent, saige, vertueux et moult bon juge. Se fut fort grand dommaige pour le réaulme. Dieu lui fasse mercy [4]. »

Si la noble figure de Jean de Selve a été présentée sous des traits sincères, celle de François Ier en sera mieux éclairée. Les légendes que quelques-uns veulent faire peser sur sa mémoire disparaissent ou s'atténuent à l'analyse. Le premier président si estimé, si respecté, se rend solidaire du roi dans certains de ses actes les plus critiqués et il faudra désormais discuter le magistrat avant de condamner le roi. Il faudrait surtout juger les hommes d'il y a quatre cents ans, avec l'esprit et les idées d'il y a quatre siècles, les voir dans leur air, leur posture, leur biais, non pas seulement avec leurs habits, leur langage, mais

---

[1] Mignet, t. II, p. 353. — Voir aussi Dareste, t. III, p. 535.
[2] Mignet, t. II, p. 353, 463.
[3] *Bourgeois de Paris*, p. 386.
[4] Versoris, *ubi supra*, p. 216. — Cet homme illustre laissa une remarquable lignée de douze enfants. Cinq de ses fils et un de ses gendres furent ambassadeurs, et non des moindres. « Cette brillante maison de Selve (a dit M. Lefèvre-Pontalis) se partage, avec les du Bellay, les de Noailles et les de l'Aubespine, l'histoire de la diplomatie française au XVIe siècle » (*Correspondance politique d'Odet de Selve*, Paris, 1888).

leur âme, l'âme de leurs contemporains. Voilà la véritable « couleur locale ». Le caractère de François Ier n'a aucun rapport à notre temps. Des écrivains qui n'ont point la vue rétrospective le dépeignent comme haï et méprisé de son vivant par son peuple. C'est une erreur d'optique [1]. Il répondait trop bien à son époque et à son milieu, il en avait toutes les qualités et tous les défauts. Ce fut le roi d'une France nouvelle, d'une moderne chevalerie, valeureuse, galante, raffinée, le roi des gentilshommes, des poètes, des savants, des artistes, le roi de la Renaissance ! Il est à sa juste place à cette aurore tourmentée, dans ce bruit et ce mouvement des épées et des idées, dans ce rayonnement de gloire où il brille au premier rang. Malgré ses malheurs et ses fautes, et quoiqu'il n'ait pas été tout à fait à la hauteur de sa destinée, il ne mérite pas l'aversion et l'outrage. Il eut des parties d'un grand roi et on ne comprend pas que des Français lui refusent la justice que Charles-Quint lui-même, son ennemi acharné, lui rendit lorsqu'il apprit sa mort.

[1] Voir du Bellay, Arnoul Ferron, Paradin, le Bourgeois de Paris, Vieilleville, etc. Cf. Dareste, t. III, p. 460.

www.ingramcontent.com/pod-product-compliance
Lightning Source LLC
LaVergne TN
LVHW050623090426
835512LV00008B/1638